GRANDES ARRANJOS DE
DILERMANDO REIS

Transcrito de suas gravações & editado por
IVAN PASCHOITO

ABISMO DE ROSAS
BREJEIRO
CORAL DEL NORTE
LA DESPEDIDA
RAPSÓDIA INFANTIL
ROMANCE DE AMOR
SONS DE CARRILHÕES
SUSPIRO DA NEGA

Nº Cat.: IVFB-3103

Irmãos Vitale S.A. Indústria e Comércio
www.vitale.com.br
Rua França Pinto, 42   Vila Mariana   São Paulo   SP
CEP: 04016-000 Tel.: 11 5081-9499 Fax: 11 5574-7388

© Copyright 2014 by Irmãos Vitale S.A. Ind. e Com. - São Paulo - Brasil
Todos os direitos autorais reservados para todos os países. *All rights reserved.*

CAPA E DIAGRAMAÇÃO
Eduardo Wahrhaftig e Maurício Biscaia Veiga

TEXTOS
Ivan Paschoito

COMPOSIÇÃO DAS PARTITURAS
Ivan Paschoito com o programa Encore™ 4.04 (Passport/NovaMente)

PROJETO GRÁFICO
Wiliam Kobata / Clio Publicidade

COORDENAÇÃO EDITORIAL
Roberto Votta

PRODUÇÃO EXECUTIVA
Fernando Vitale

CIP-BRASIL. CATALOGAÇÃO NA FONTE
SINDICATO NACIONAL DOS EDITORES DE LIVROS - RJ.

P285g

Paschoito, Ivan, 1953-
  Grandes arranjos de Dilermano Reis / Ivan Paschoito. - 1. ed. - São Paulo : Irmãos Vitale, 2014.
56 p. : il. ; 31 cm.

Inclui índice
Agradecimentos, introdução, notas biográficas
ISBN 978-85-7407-423-8

1. Reis, Dilermano. 2. Compositores - Brasil. 3. Música popular - Brasil. 4. Partituras. I. Título.

14-09492
CDD: 782.4216300981
CDU: 78.067.26(81)

10/02/2014   13/02/2014

GRANDES ARRANJOS DE
DILERMANDO REIS

Transcrito de suas gravações & editado por
IVAN PASCHOITO

SUMÁRIO

7	Introdução
8	A Tablatura

9	Abismo de Rosas
16	Suspiro de Nega
20	Brejeiro
26	Romance de Amor
30	Coral del Norte
35	La Despedida
40	Rapsódia Infantil
47	Sons de Carrilhões

	Notas Biográficas
51	Os Compositores
53	O Arranjador
54	O Editor

AGRADECIMENTOS

Um bom trabalho quase sempre é resultado do esforço de mais de uma pessoa. Neste caso, não foi diferente. Pelo menos parte do mérito que este projeto possa ter, eu devo a Hélio Cunha, pela catalogação das gravações de Dilermando; a Wiliam Kobata, pelo competente trabalho de revisão; a Ronoel Simões, pela ajuda de sempre e a Paulinho Nogueira - outro mestre do violão brasileiro - pelo incentivo.

(I.P.)

Introdução

O Dilermando Reis compositor, em termos de música impressa, está razoavelmente preservado em edições brasileiras e estrangeiras. No entanto, sabemos que ele foi igualmente um arranjador original e habilidoso. Assim, minha intenção, com este volume, é documentar essa faceta do seu trabalho. Não porque o número de arranjos seus publicados seja necessariamente pequeno. Contam-se 35 peças publicadas por várias editoras brasileiras ao longo dos anos. Porém, Dilermando gravou apenas nove delas, e além disso, as partituras correspondentes publicadas não são nenhum exemplo de fidelidade às gravações. Daí a idéia de um volume com arranjos seus transcritos fielmente.

O passo seguinte foi a escolha das peças. Dilermando, além das 120 obras de sua autoria, gravou cerca de 130 de vários outros compositores. Era, portanto, necessário adotar um critério para selecionar um número razoável de peças que pudesse ser contido num volume. Primeiro, limitei minha escolha aos solos, deixando de lado as gravações com orquestra ou mesmo com dois violões. Depois, escolhi dentre aqueles que tivessem a sua "marca pessoal" e justamente por isso fossem conhecidos e apreciados. Finalmente, a limitação do espaço físico do volume e a não disponibilidade de todos os "copyrights" acabaram por orientar a escolha. Acredito que a seleção foi satisfatória. Os oito arranjos são dos mais representativos dentre os gravados por ele. Com exceção de Rapsódia Infantil, *as outras sete peças já foram publicadas anteriormente para violão, porém nunca em arranjos fiéis às gravações de Dilermando.*

Algumas das obras escolhidas foram gravadas por ele mais de uma vez. Em função principalmente da qualidade técnica, escolhi sempre a última versão.

Devido ao caráter documental do trabalho, transcrevi as peças tão fielmente quanto possível. O violonista, porém, deve sentir-se à vontade para interpretar os arranjos à sua maneira, uma vez que, dentro dos limites da notação escrita, muito se anotou do próprio estilo de Dilermando. As indicações metronômicas e os baixos antecipados, muito frequentes, são exemplos disso. A digitação da mão esquerda aparece, preferencialmente, fora do pentagrama. As demais indicações seguem o padrão comumente adotado em boas edições.

A grande novidade, em termos de edição para violão clássico no mercado brasileiro, é a presença da tablatura. Seguindo a tendência mundial, optou-se pela inclusão da tablatura acoplada aos pentagramas da notação convencional. Tal procedimento permite o acesso à obra por parte daqueles que não conhecem, ou conhecem pouco, a teoria musical. Mesmo para os que dominam a escrita tradicional, a tablatura pode, em alguns casos, esclarecer dúvidas.

Espero com este novo trabalho contribuir um pouco mais para a preservação da memória do Violão Brasileiro e, ao mesmo tempo, levar um pouco da obra de Dilermando Reis a um número maior de apreciadores da sua arte.

Ivan Paschoito
São Paulo, Brasil

A Tablatura

A tablatura é um sistema de notação por símbolos que representam não a altura do som, como na notação convencional, mas a posição dos dedos do executante. Existem tablaturas para vários tipos de instrumentos. As mais antigas, para órgão, datam do Século XIV. Para instrumentos de cordas dedilhadas, as primeiras surgiram no Século XVI. São para alaúde, inventadas, ao que parece, por um certo organista alemão de nome Paumann. Com a disseminação do sistema, as tablaturas ganharam algumas características próprias nos diversos países em que foram adotadas. Por volta de 1755 foram publicadas as primeiras obras para violão escritas em notação moderna e a tablatura deixou de ser utilizada. Reaparece somente no início do Século XX, nos Estados Unidos, utilizadas por alguns grupos étnicos como uma maneira simples e acessível de registrar sua música, transmitida de forma oral. A partir dos anos 60, graças ao movimento da música folk americana, a tablatura é reintroduzida na Europa. As utilizadas hoje para violão ou guitarra são semelhantes às italianas e espanholas do Século XVII.

A tablatura pode chegar a níveis de razoável complexidade, dependendo do nível de informação que pretende transmitir. Algumas chegam mesmo a incorporar elementos da notação convencional. Neste álbum adotou-se a forma mais simples, aquela que mostra apenas a posição dos dedos do violonista na escala. É de fácil compreensão e dá bons resultados, desde que o executante tenha conhecimento prévio da obra.

A tablatura para violão clássico compõem-se de um conjunto de 6 linhas horizontais, paralelas e eqüidistantes, uma para cada corda do instrumento. A linha superior representa a primeira corda. Geralmente é usada a palavra "TAB" no início de cada conjunto.

Um número sobre uma linha indica a casa na qual se deve apertar aquela corda e, consequentemente, a nota a ser tocada. O número zero representa a corda solta. Números sucessivos indicam uma melodia, ou seja, notas tocadas uma após a outra. Números alinhados na vertical indicam um acorde, isto é, notas tocadas simultaneamente.

Números envolvidos por um quadrado ou retângulo representam os sons harmônicos.

ABISMO DE ROSAS

TRANSCRITA DO LP **ABISMO DE ROSAS** *(1961)*

Sem dúvida, o grande clássico do nosso violão popular. Esta valsa tipicamente brasileira, com suas três partes conforme o padrão da época, foi composta no início do século pelo legendário violonista Américo Jacomino. Parece que já por volta de 1905, Jacomino tinha a estrutura da obra delineada. A primeira gravação, porém, na execução do próprio autor, só aconteceria por volta de 1913. Jacomino ainda gravaria a peça mais duas vezes, ao que parece nos anos de 1918 e 1925, esta última pelo sistema elétrico. Uma curiosidade: na primeira gravação a peça se chamava Acordes do Violão *e somente a partir da segunda levaria o nome pelo qual ficou célebre.*

Dilermando também gravaria a peça três vezes, em 1952, 1956 e 1961. Ele é, provavelmente, o grande responsável pela enorme popularidade da obra, já que poucos, mesmo entre os violonistas, conhecem as gravações de Américo Jacomino. O nome Dilermando Reis está tão ligado a Abismo de Rosas *que muitos pensam ser ele o autor. Além de Jacomino e Dilermando, outros importantes violonistas brasileiros, como Garoto, Bonfá e Paulinho Nogueira também gravaram suas versões da obra.*

Habitualmente, o colchete ([ ) é utilizado para indicar cordas contíguas tocadas com o polegar. Na notação desta peça, porém, em alguns casos ele aparece unindo cordas não contíguas. Elas devem ser tocadas com o polegar e indicador, ou polegar e médio, buscando efeito semelhante.

*Na repetição da primeira parte, compassos 75, 76 e 77, ao lado da indicação de alguns sons harmônicos, aparece a expressão m.d. (*mano destra*) - mão direita. Isto significa que o som harmônico deve ser obtido apenas com a mão direita: a ponta do indicador toca suavemente a corda, que é, ao mesmo tempo, pulsada pelo anular.*

A primeira partitura para violão desta peça, em arranjo de Domingos Semenzato, foi publicada no Brasil em 1944 pela "Editora Tupi".

ABISMO DE ROSAS

Valsa

Arranjo para violão clássico por
DILERMANDO REIS
Transcrito por IVAN PASCHOITO
(Verão/95)

AMÉRICO JACOMINO (Canhoto)
(1889-1928)

Copyright © 1996 by Fermata do Brasil.
International copyright secured. All rights reserved.

11

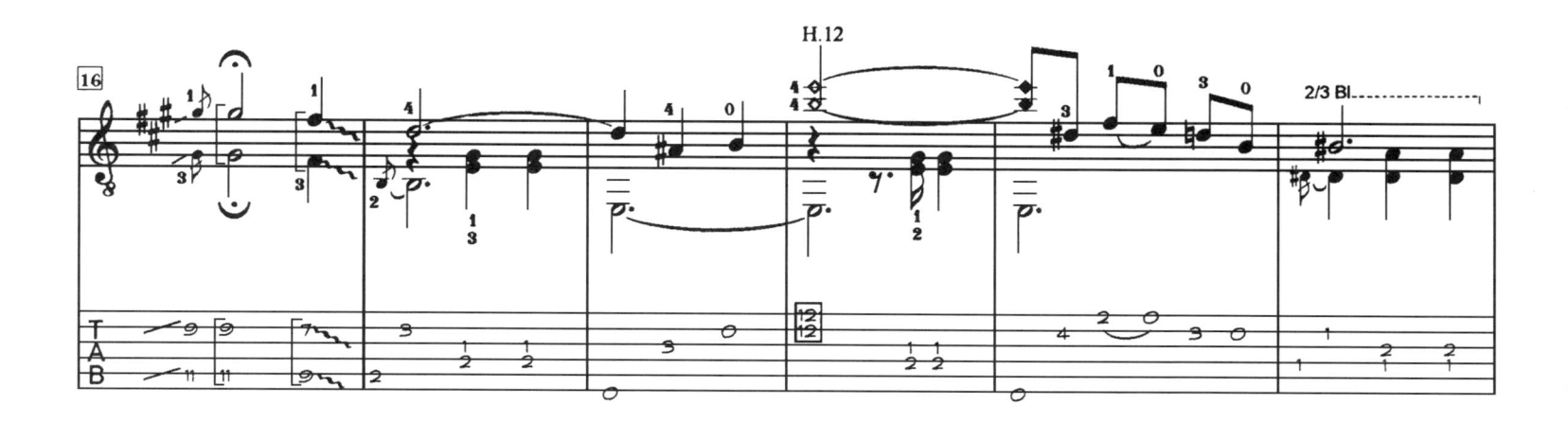

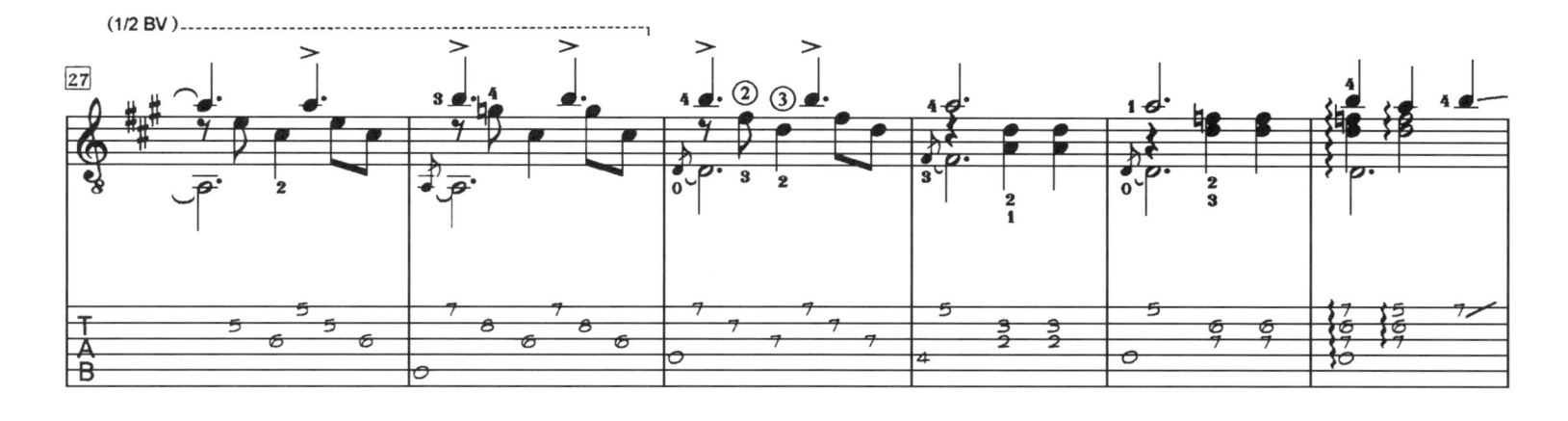

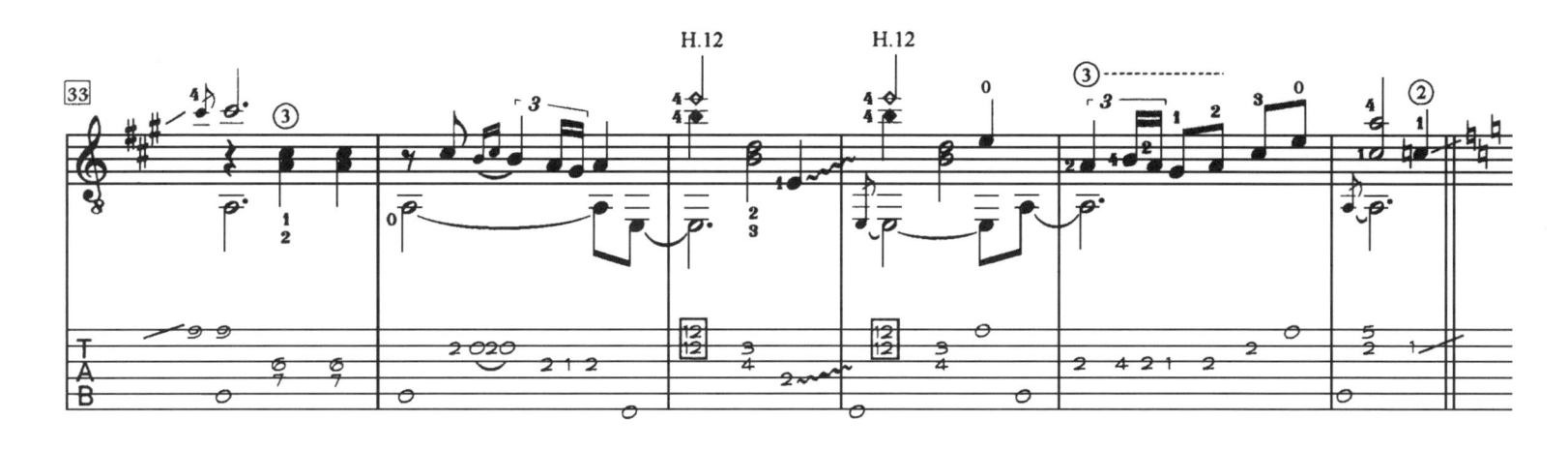

Dolente

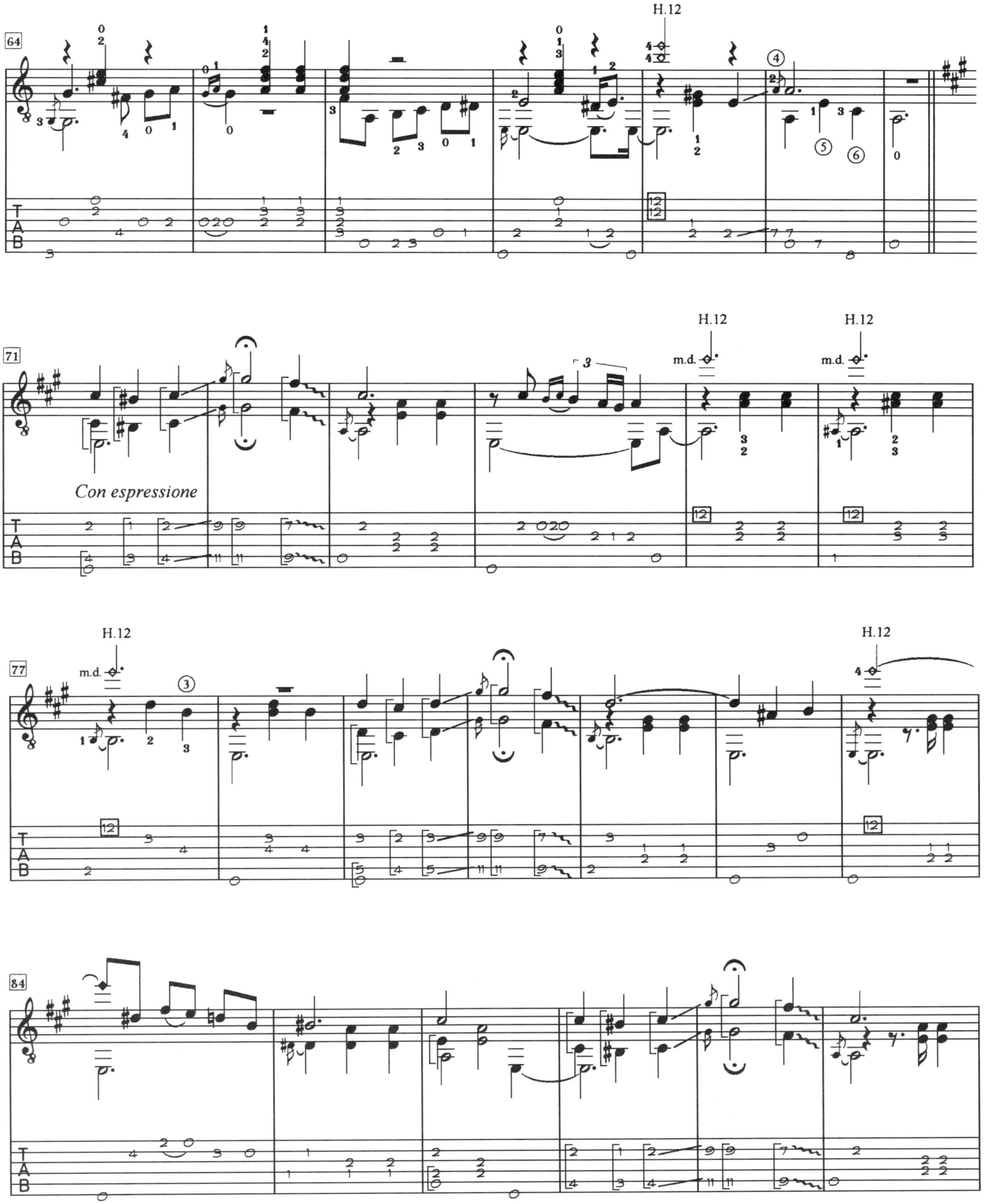
64
H.12
71
H.12
m.d.
Con espressione
77
m.d.
84
TAB

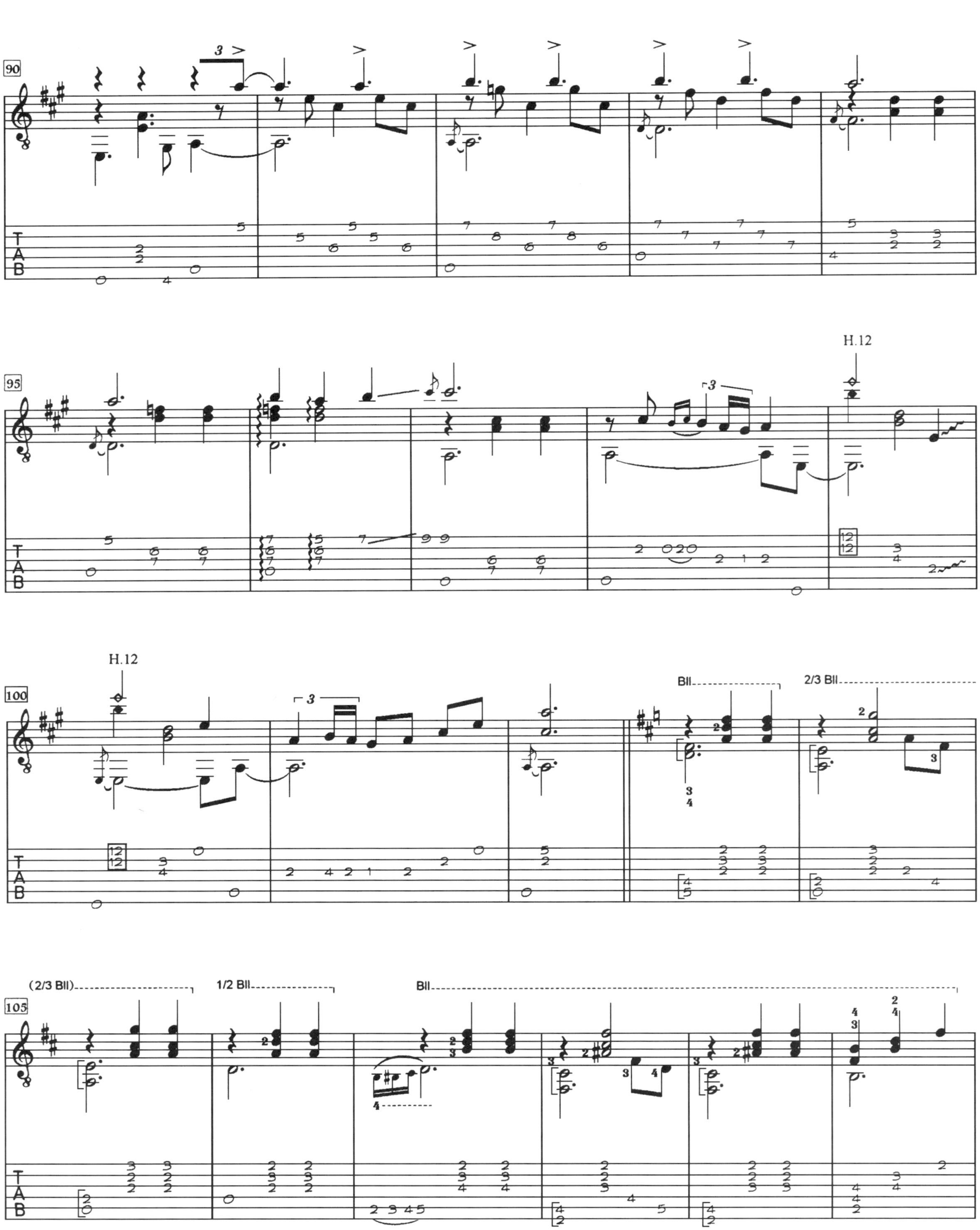
90
95
H.12
100
H.12
BII
2/3 BII
105
(2/3 BII)
1/2 BII
BII

111
H.12
1/2 BII
Pizz.
Pizz.
117
5/6 BV
1/2 BV
BII
123
(BII)
H.12
129
1/2 BVII
Pizz.
Pizz.
Poco rall.

SUSPIRO DA NEGA

TRANSCRITA DO LP GOTAS DE LÁGRIMAS *(1963)*

O Choro surgiu, ainda não como gênero mas como forma de tocar, por volta de 1870 no Rio de Janeiro. Era como se chamava a música tocada por conjuntos instrumentais urbanos, compostos quase sempre por um solista e um grupo acompanhante. O tom plangente e melancólico de suas interpretações acabaria conferindo o nome de choro a tal maneira de tocar. Hoje, como forma musical, apresenta como principais características: forma ternária de canção (A-B-A), compasso binário simples (2/4) e tonalidade maior ou menor. Ernesto Nazaré recomendava para os choros o andamento de 100 semínimas por minuto.

Peça composta provavelmente em 1961. Catulo da Paixão Cearense, a quem a obra é dedicada, foi poeta, violonista, cantor e compositor brasileiro. Nasceu no Estado do Maranhão em 1866 e morreu no Rio de Janeiro em 1946. O autor também gravou a peça no seu único LP: Nelson Piló - Seu Violão, Sua Arte, *lançado na década de 60.*

A peça é de execução relativamente simples. A tambora, *na primeira parte, é obtida golpeando-se as cordas com o polegar junto ao cavalete. Há apenas dois compassos na segunda parte, executados em* pizzicato *por Dilermando, que exigem um pouco mais do intérprete que quiser manter fidelidade na interpretação.*

A partitura original consta do álbum Catulo da Paixão Cearense Vol. 4, *publicado pela "Editora Arthur Napoleão" em 1961.*

Para Catulo da Paixão Cearense

SUSPIRO DA NEGA

Choro

Arranjo para violão clássico por
DILERMANDO REIS
Transcrito por IVAN PASCHOITO
(Verão/95)

NELSON PILÓ
(1914-1986)

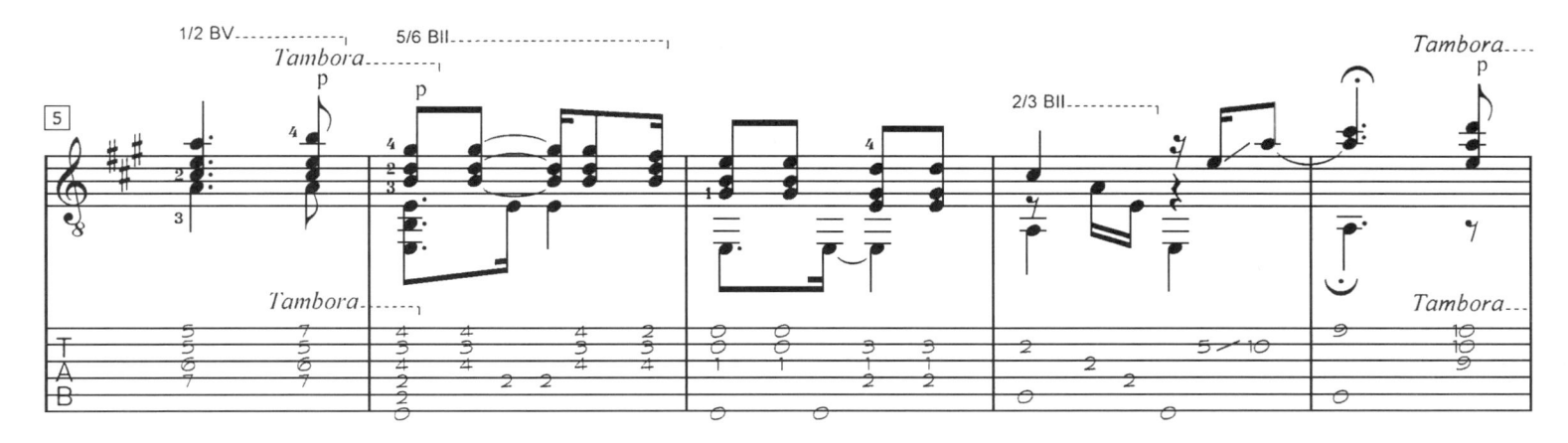

Copyright © 1961 by Editora Arthur Napoleão. Used by permission.
© Fermata do Brasil (This transcription).
International copyright secured. All rights reserved.

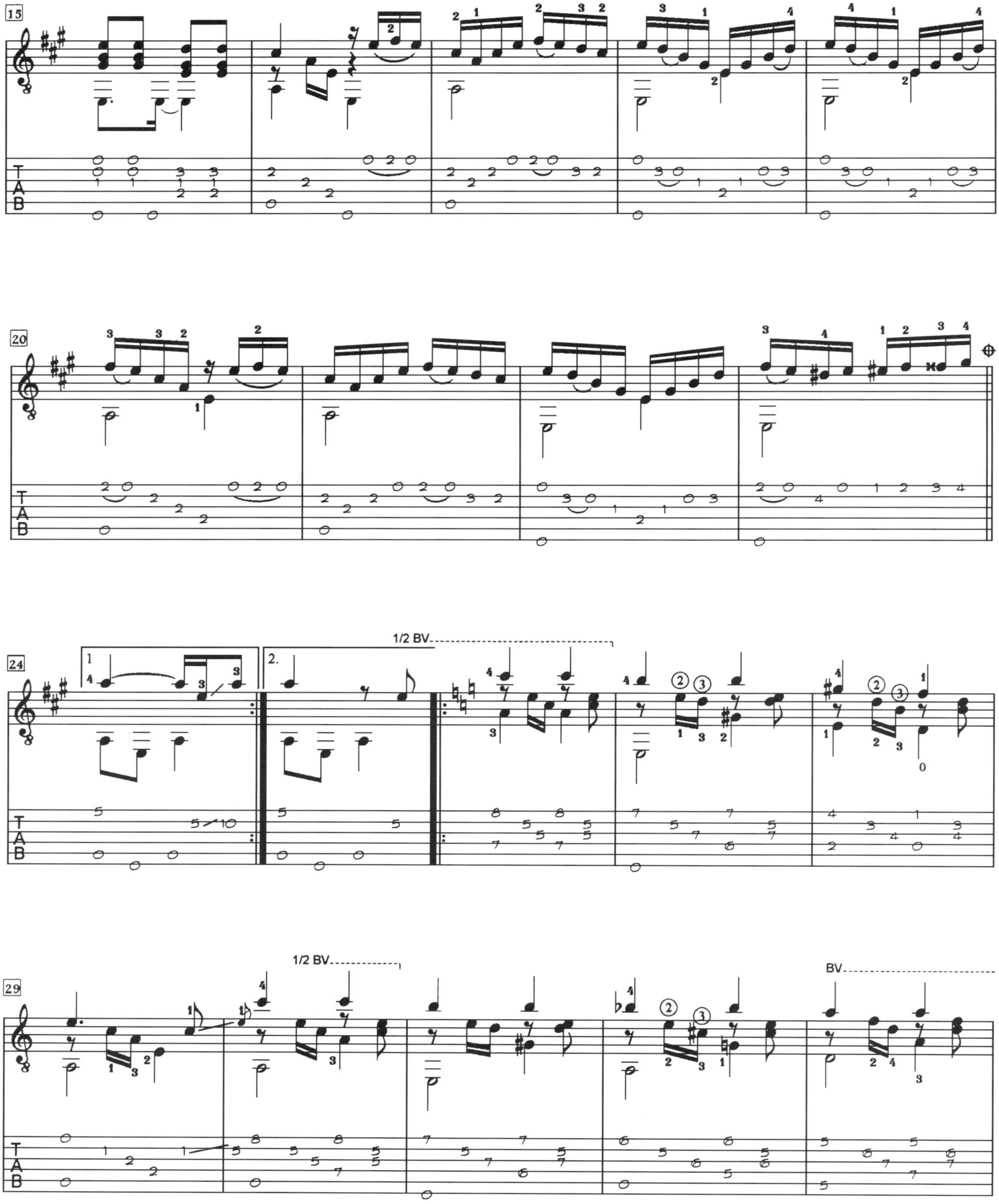
15
20
24
1/2 BV
29
1/2 BV
BV

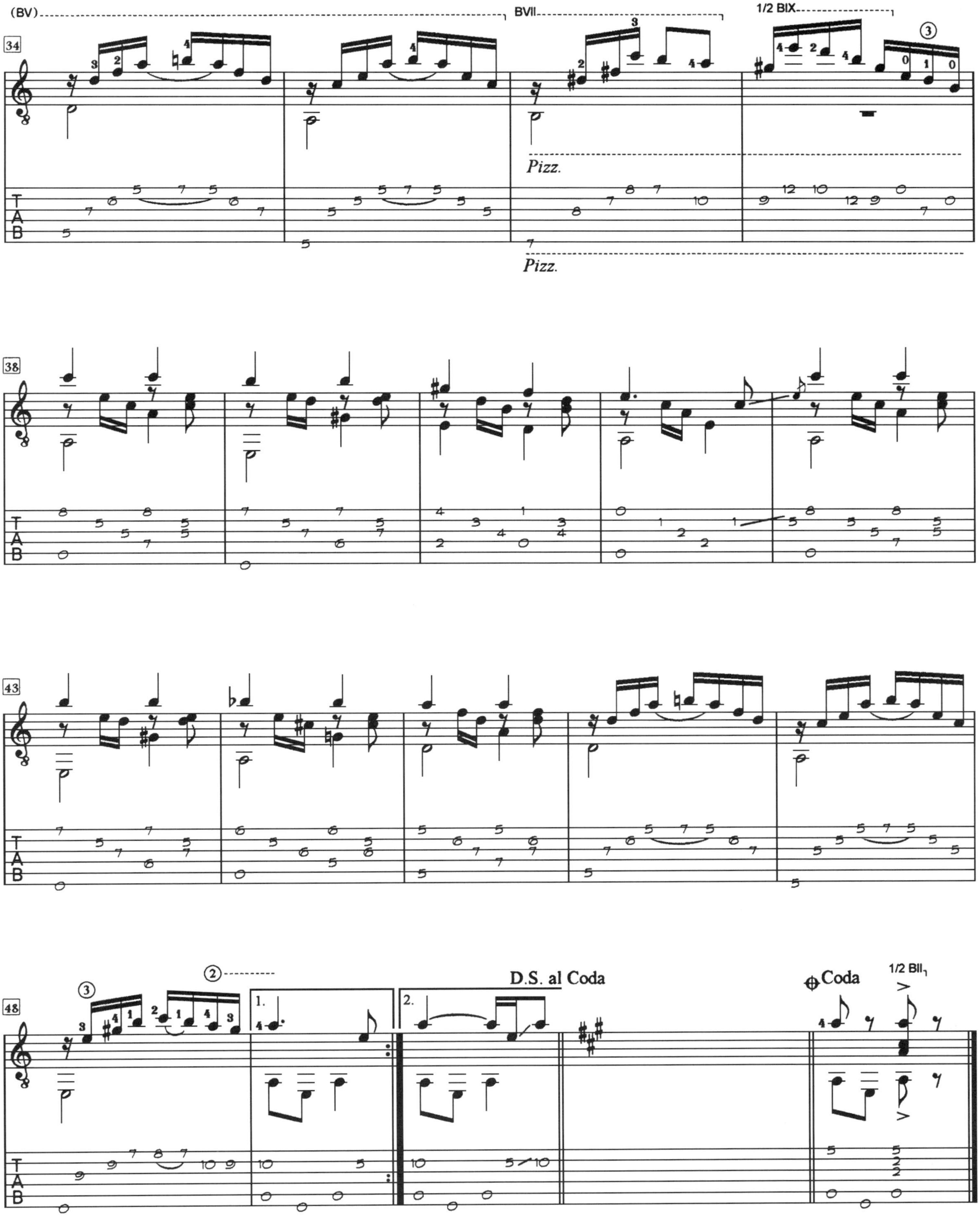
(BV)
BVII
1/2 BIX
Pizz.
Pizz.
D.S. al Coda
Coda
1/2 BII
1.
2.

BREJEIRO

TRANSCRITA DOS LPS GOTAS DE LÁGRIMAS (1963) E HOMENAGEM A ERNESTO NAZARÉ (1973)

Segundo os pesquisadores, o tango brasileiro surgiu a partir da habanera - *dança de origem afro-cubana - com influência do* schottisch *e da* polca, *todas muito populares naquele tempo no Brasil. O primeiro a empregar o termo tango na música brasileira foi o maestro Henrique Alves de Mesquita (1830-1906) em 1871. Mas foi Ernesto Nazaré quem deu a forma definitiva ao gênero. Seu tango é essencialmente instrumental, de caráter virtuosístico, mais para ser ouvido que cantado ou dançado, diferente portanto do choro e do maxixe. O compositor recomendava na execução de seus tangos o andamento de 80 semínimas por minuto A partir de 1930, com a ascensão do tango argentino, o termo deixou de ser empregado como indicador de gênero na música brasileira.*

Brejeiro, *composto para piano em 1893, foi a primeira obra de Nazaré que ele classificou como tango. Mas, apesar de concebida como obra instrumental, em 1912 Catulo da Paixão Cearense escreveu o poema* O Sertanejo Enamorado, *para ser cantado com a sua melodia.*

Dentre todos, talvez este seja o arranjo de Dilermando com características mais marcadamente pessoais. Aqui, decididamente, ele não se preocupou com a versão original para piano: omitiu notas da melodia, inventou escalas onde elas não existiam, inseriu síncopes, antecipou baixos e... obteve um efeito surpreendente. Porém o mais notável é o acréscimo de um original interlúdio após a segunda parte, aumentando o clima de expectativa para a repetição da primeira.

As duas gravações que Dilermando fez desta obra são semelhantes e a primeira versão foi tomada como base para a transcrição. Porém o interlúdio foi transcrito da segunda, onde é tocado com mais clareza. Desta mesma gravação adotou-se também o andamento metronômico de aproximadamente 72 semínimas por minuto, que atende à orientação do autor e permite uma interpretação mais apurada da peça. Nos compassos 75, 76 e 77, os três últimos do interlúdio, optou-se, por clareza, pela escrita em pentagramas separados.

Esta é a primeira publicação do arranjo de Dilermando Reis. Também é muito conhecido o de Antonio Sinópoli, publicado pela "Ricordi" argentina desde 1950.

BREJEIRO

Tango

Arranjo para violão clássico por
DILERMANDO REIS
Transcrito por IVAN PASCHOITO
(Verão/95)

ERNESTO NAZARÉ
(1863-1934)

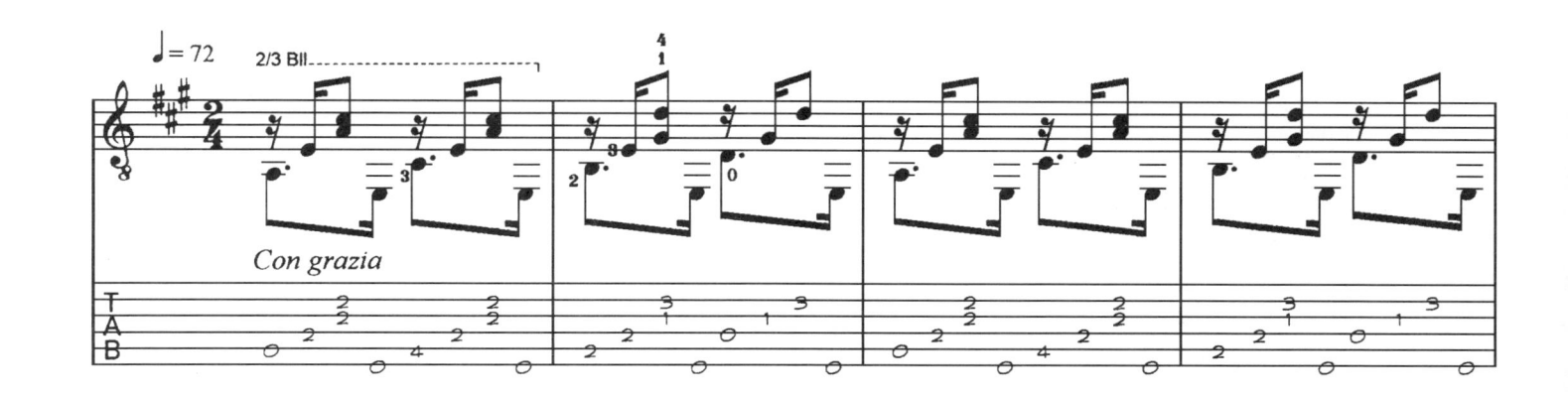

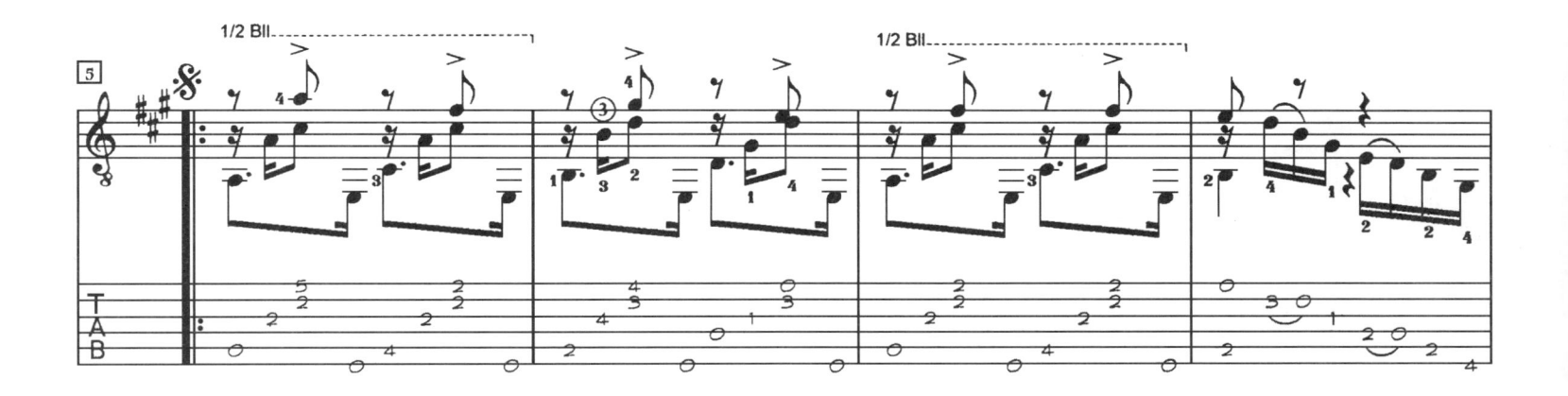

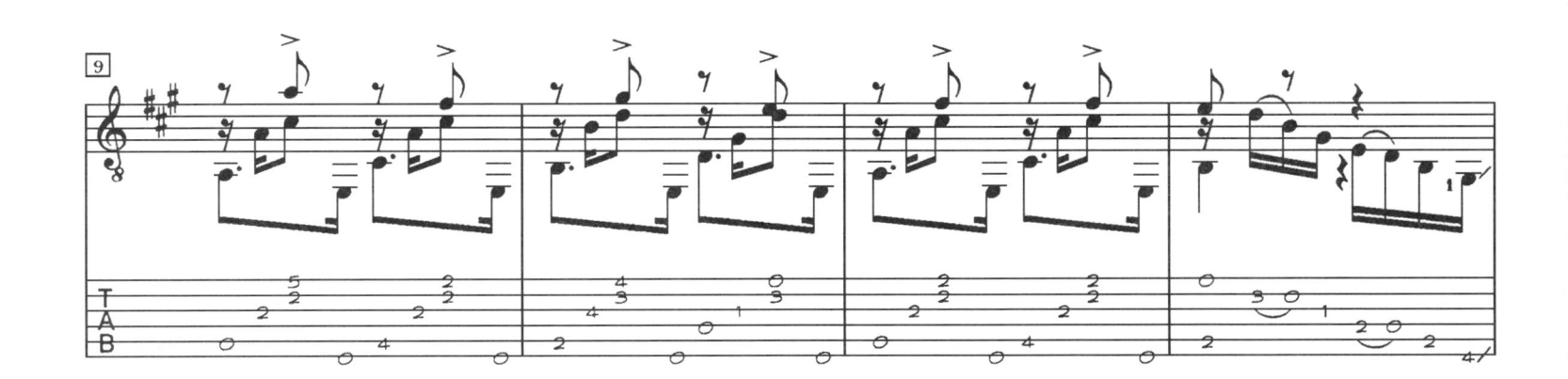

Con grazia

Copyright © 1996 by Fermata do Brasil.
International copyright secured. All rights reserved.

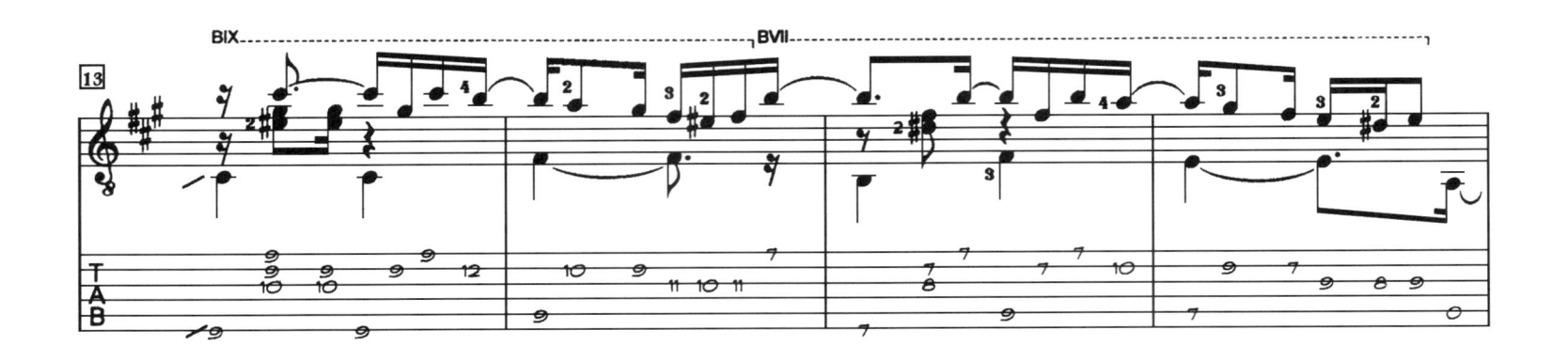

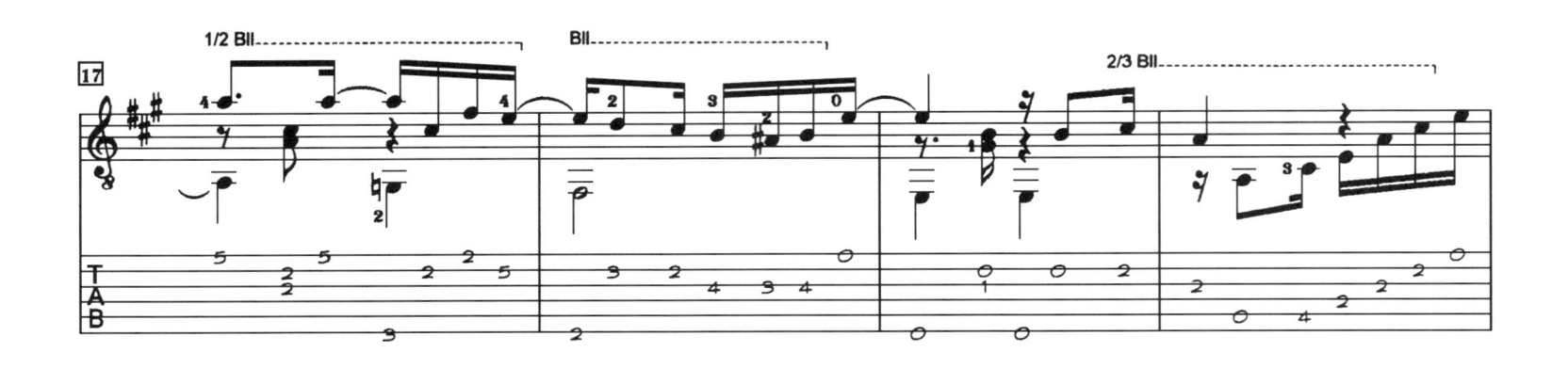

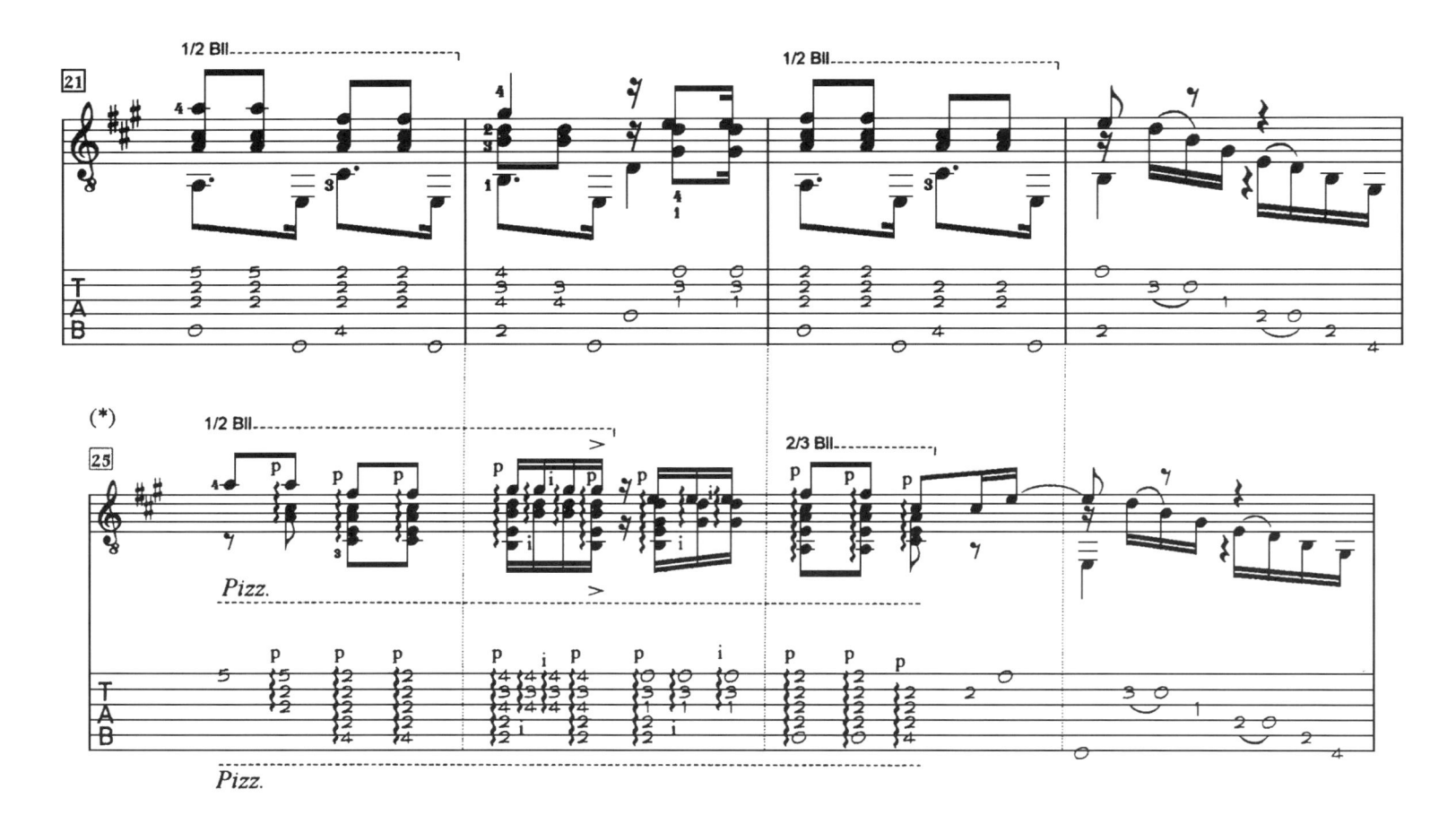

(*) To be played only in the last repetition./*Tocar apenas na última repetição.*

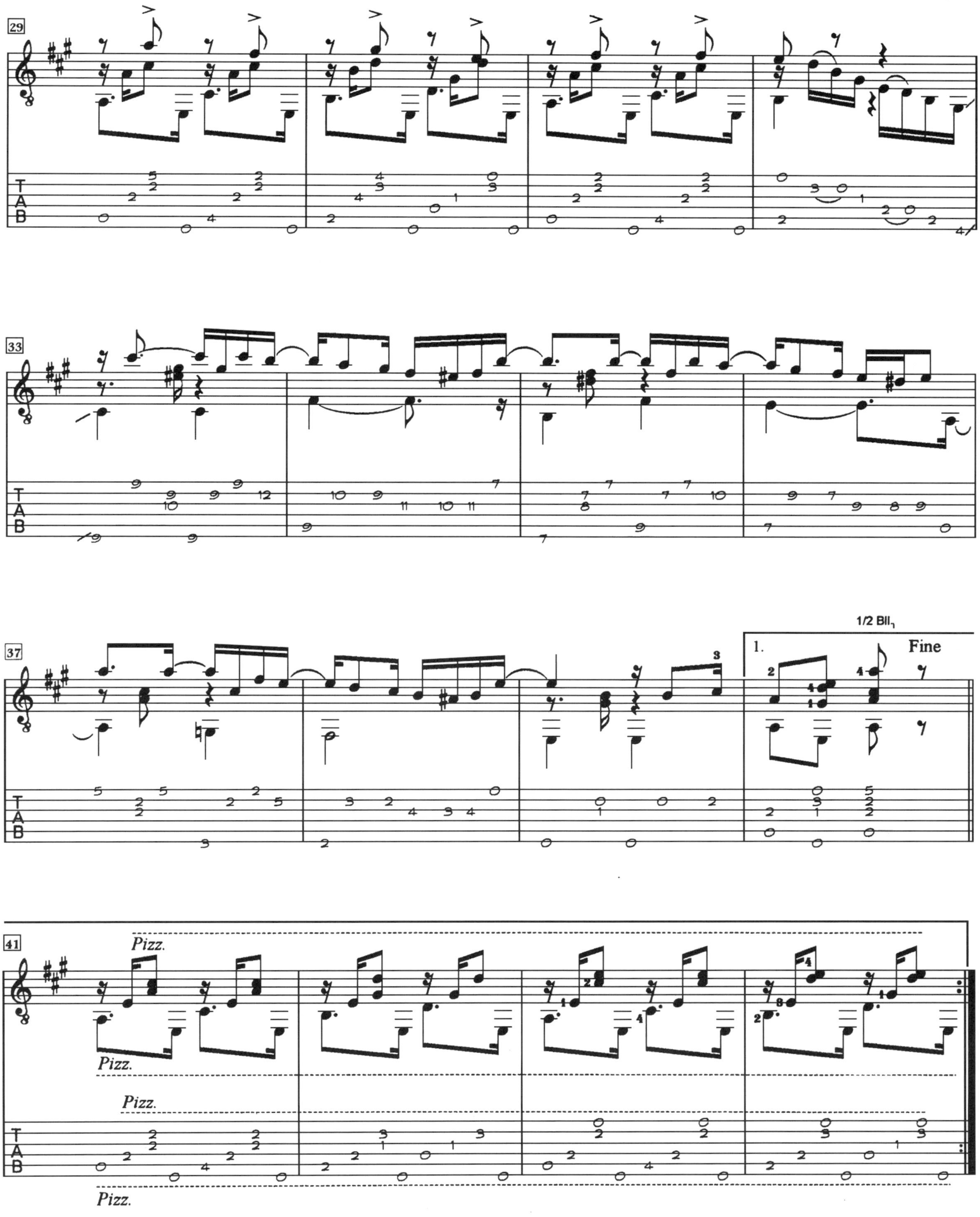
29
33
37
1/2 BII
1.
Fine
41
Pizz.
Pizz.
Pizz.
Pizz.

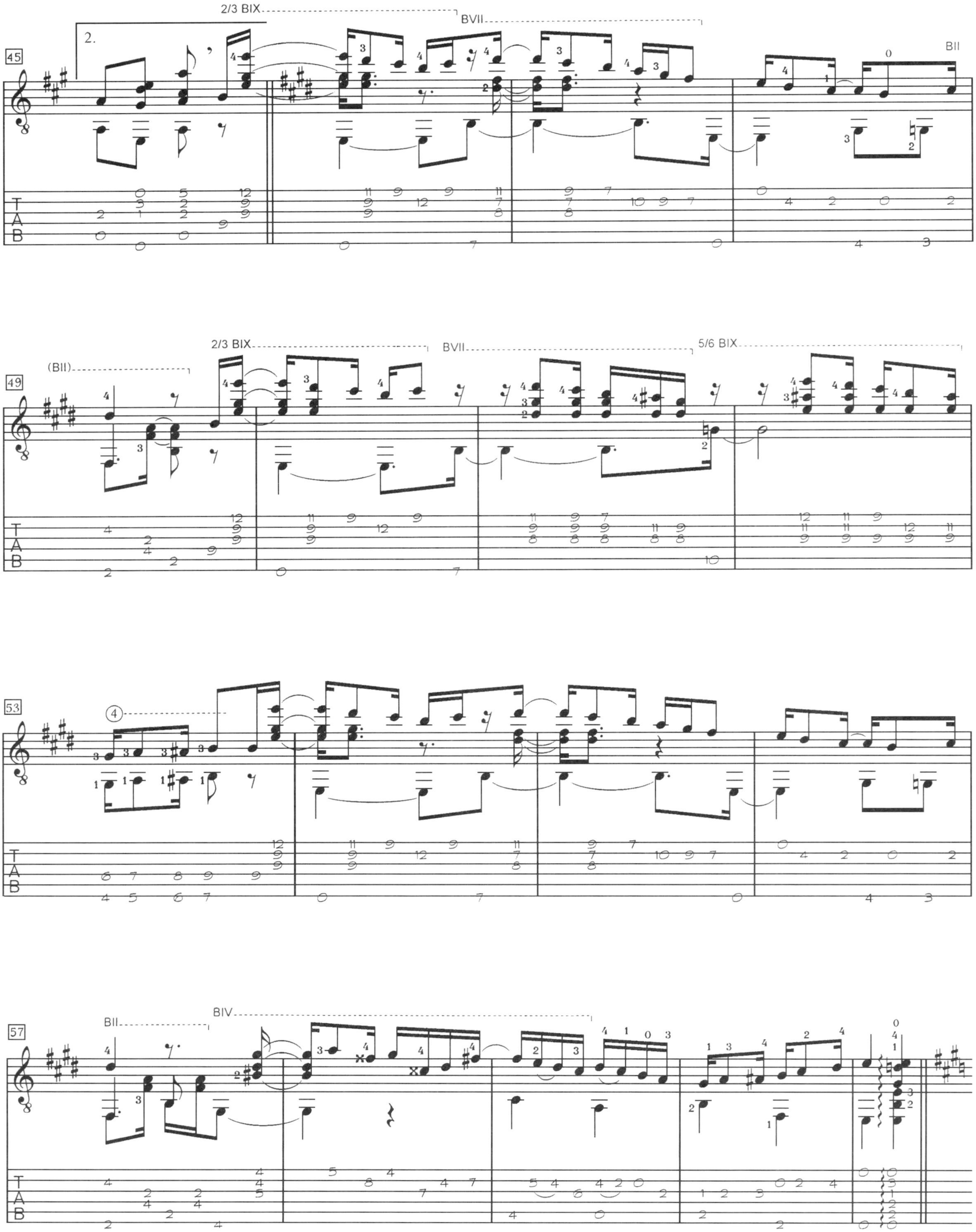
2/3 BIX
BVII
2.
45
BII
(BII)
49
2/3 BIX
BVII
5/6 BIX
53
57
BII
BIV
TAB

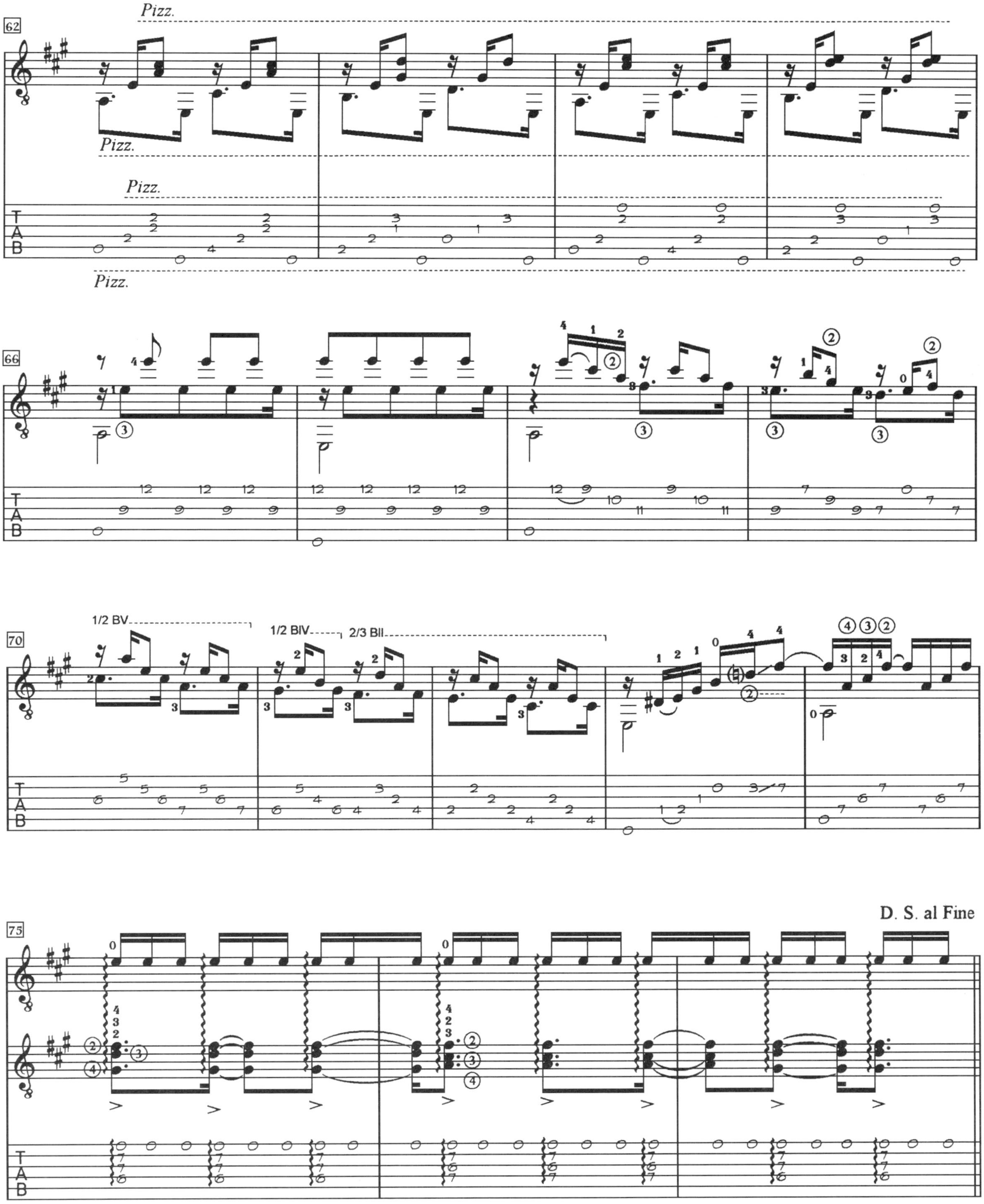
62
Pizz.
Pizz.
Pizz.
Pizz.
66
70
1/2 BV
1/2 BIV
2/3 BII
75
D. S. al Fine

ROMANCE DE AMOR

TRANSCRITA DO LP SUA MAJESTADE O VIOLÃO (1958)

Este é um dos temas mais conhecidos do repertório violonístico mundial, tendo sido gravado por praticamente todos os grandes violonistas. A peça, hoje, é tida como sendo de autor anônimo. No entanto, há indícios de que pode ter sido composta pelo violonista espanhol Antonio Rubira (ou Rovira) na segunda metade do Século XIX. A obra teria começado a ser divulgada fora da Europa pelo próprio Rubira, quando esteve na Argentina no período de 1881 a 1884. Domingo Prat, no verbete sobre Antonio Rubira no seu famoso Diccionario de Guitarristas *(Argentina, 1934) diz ser ele o autor de um "estudio de arpegio, muchas veces reeditado por su sencillez y agrado". A obra tornou-se mundialmente conhecida graças principalmente ao filme de René Clement,* Jeux Interdits, *de 1952, onde aparece interpretada pelo grande violonista espanhol Narciso Yepes (1927).*

A versão de Dilermando, com algumas pequenas diferenças, é a mesma de Vicente Gomez (1911), também espanhol e autor da introdução, hoje igualmente famosa.

No Brasil a obra aparece impressa pela primeira vez em 1929, no método de Osvaldo Soares.

ROMANCE DE AMOR

Arranjo para violão clássico por
DILERMANDO REIS
Transcrito por IVAN PASCHOITO
(Verão/95)

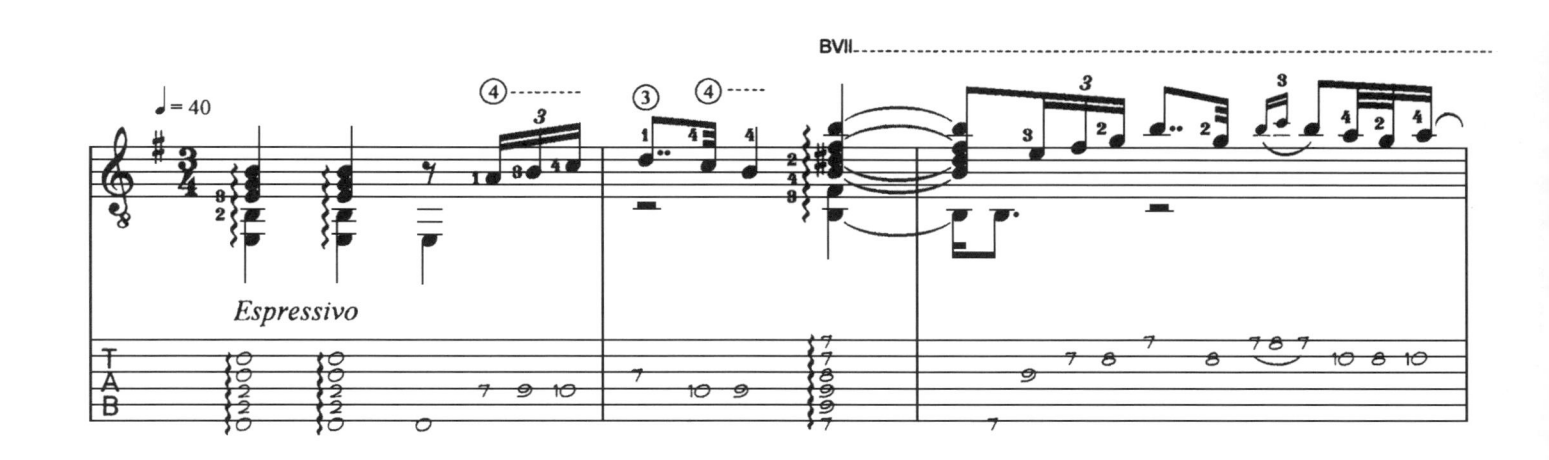

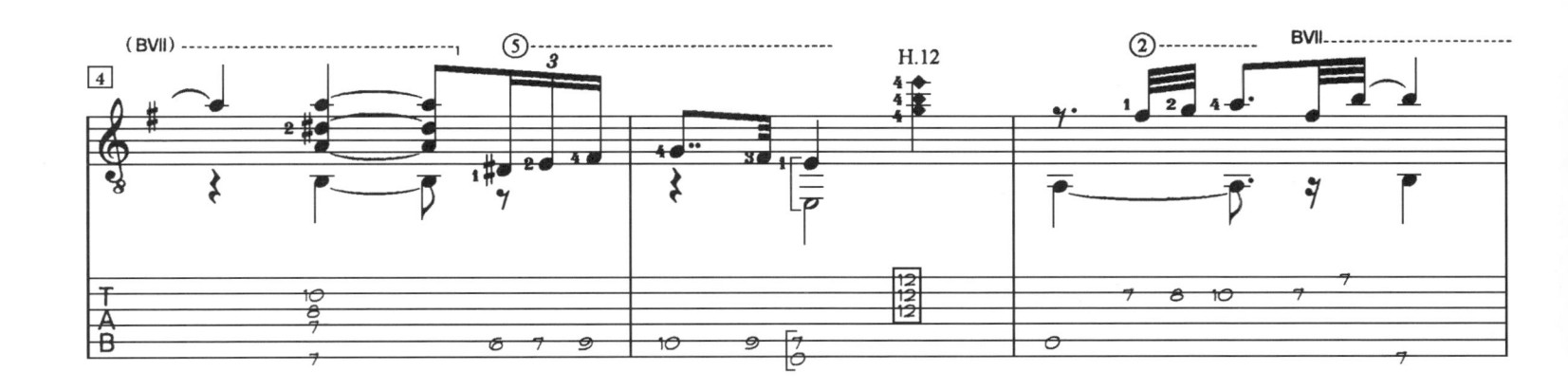

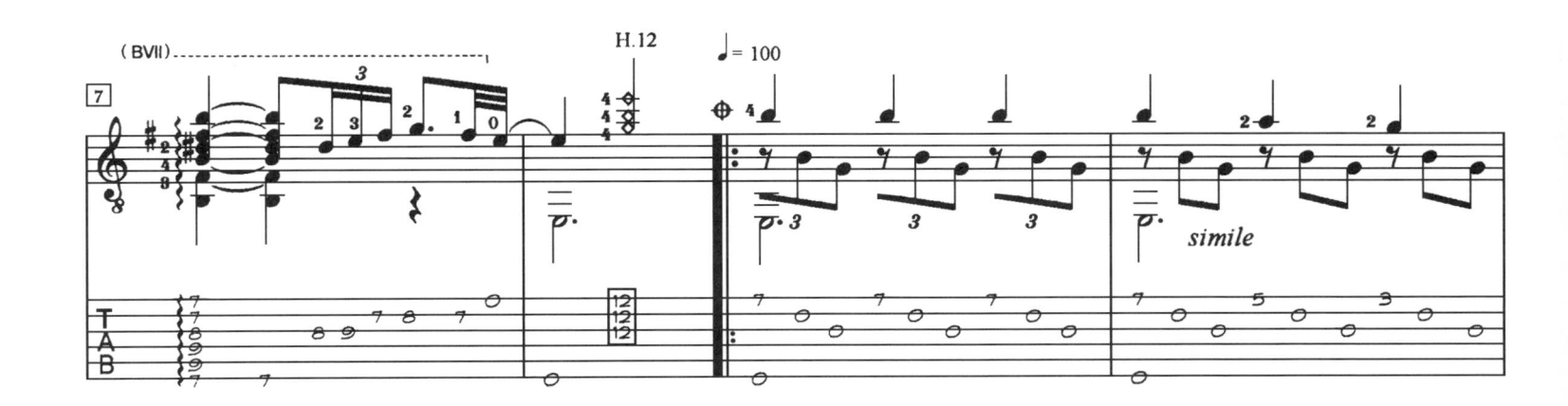

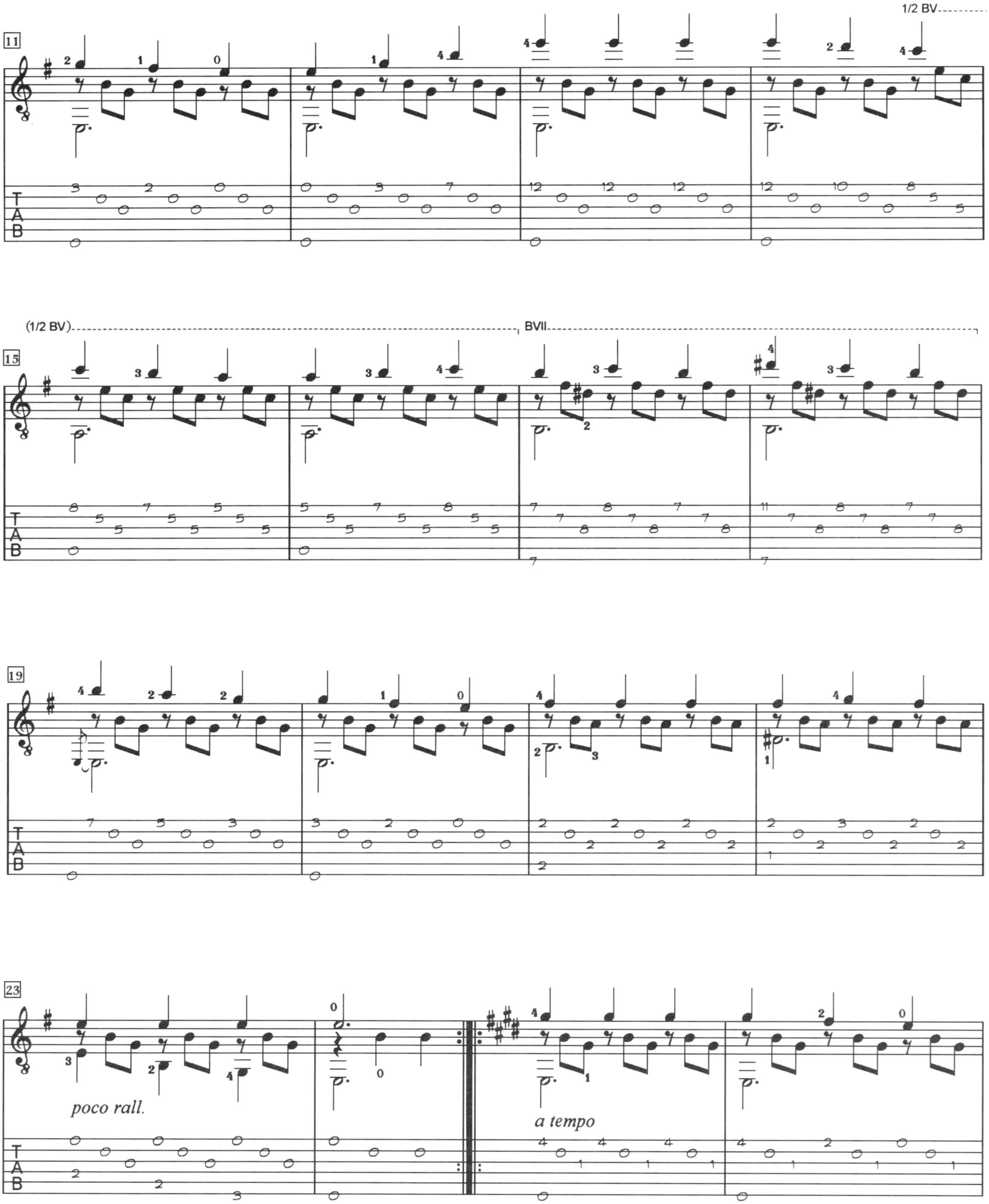
1/2 BV
11
(1/2 BV)
BVII
15
19
23
poco rall.
a tempo

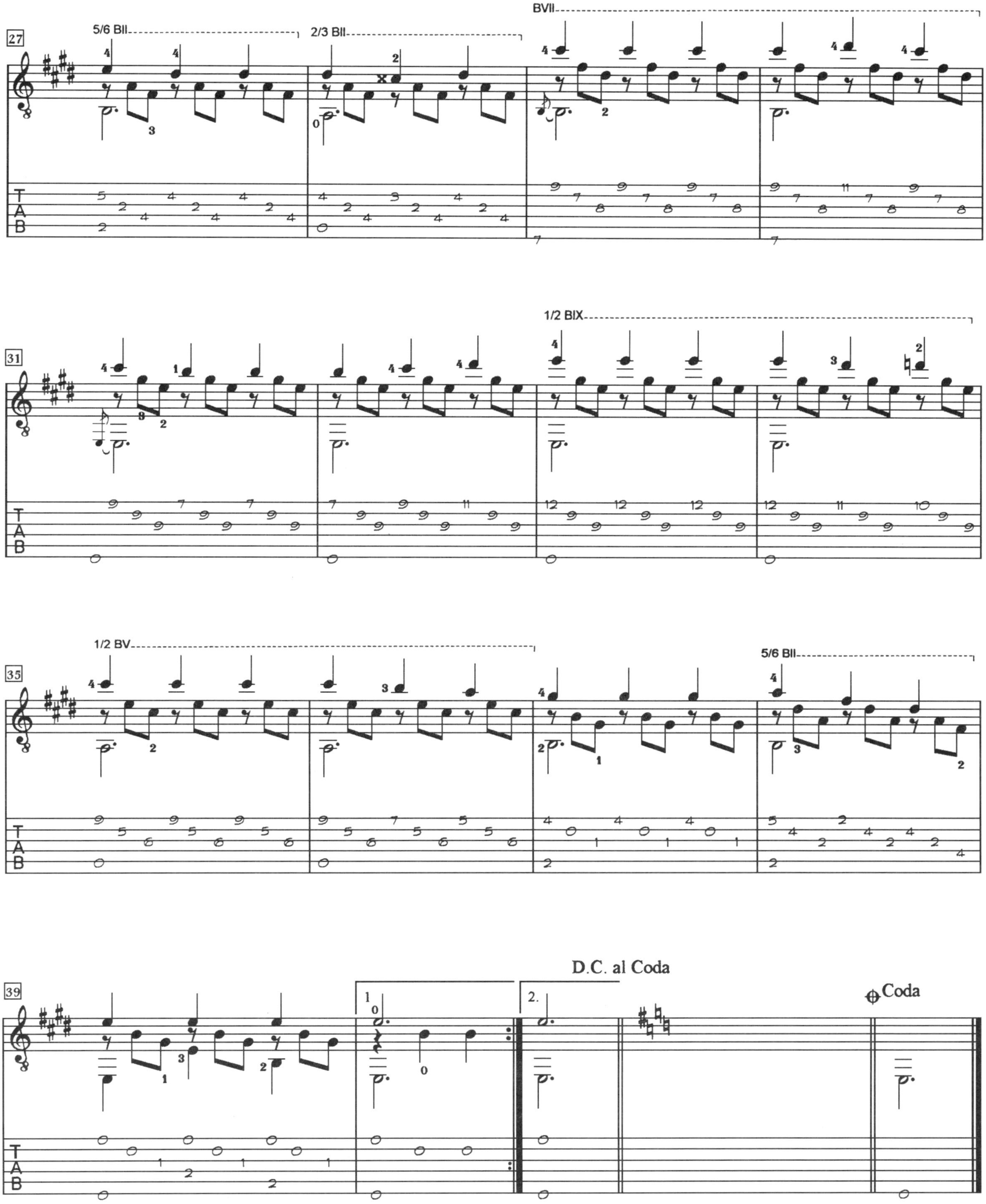
27
5/6 BII
2/3 BII
BVII
31
1/2 BIX
35
1/2 BV
5/6 BII
39
D.C. al Coda
Coda

CORAL DEL NORTE

TRANSCRITA DO LP ABISMO DE ROSAS (1961)

A zamba é uma dança com canto encontrável no Chile, Peru, Colômbia, Bolívia, Paraguai e Argentina. Acompanhada de harpa, violão, acordeão e instrumentos de percussão, é dançada aos pares, com sapateado. É originária do Peru, com influência africana, e disseminou-se por aqueles outros países a partir do início do Século XIX, por volta de 1825. É escrita geralmente em compasso 6/8.

Esta zamba chilena é a número 1, e não a número 2, como aparece na capa do LP citado. Foi escrita provavelmente em 1924, a julgar pela única informação cronológica disponível na capa da partitura original: Tomada a los acordeonistas bolivianos N.N. en Jujuy (Fiesta de la Feria el dia 7 de Abril de 1924). *A observação sugere também a possibilidade do tema ter sido não exatamente composto, mas recolhido e arranjado para violão por Juan Rodriguez. Na mesma capa aparece ainda a dedicatória completa:* A la distinguida señorita Dinorah Martinez Marichal.

Era, provavelmente, obra importante na carreira de Juan Rodriguez, uma vez que, na época da sua publicação já era conhecida fora da Argentina, sendo também mencionada por Domingo Prat no seu dicionário. Não tem, porém, muitas gravações e, ao menos no Brasil, foi graças à gravação de Dilermando que se tornou conhecida entre os violonistas.

Dilermando fez algumas alterações na obra. Omitiu notas não melódicas na primeira parte, introduziu uma repetição da última frase de cada parte, prolongou as últimas notas das escalas da terceira parte. As mudanças tornaram o arranjo mais "leve" que o original, resultando em fluidez e maior facilidade de execução. Adotou-se a fórmula de 6/8 para os compassos. As eventuais acentuações ternárias são indicadas apenas através do agrupamento das notas.

Foi publicada originalmente na Argentina por "Diego, Gracia Y Cía". Não é mencionada a data da edição.

Para Dinorah Martinez Marichal

CORAL DEL NORTE

(Zamba Chilena Op. 29, nº 1)

Arranjo para violão clássico por
DILERMANDO REIS
Transcrito por IVAN PASCHOITO
(Verão/95)

JUAN A. RODRIGUEZ
(1885-1944)

Copyright © 1996 by Fermata do Brasil.
International copyright secured. All rights reserved.

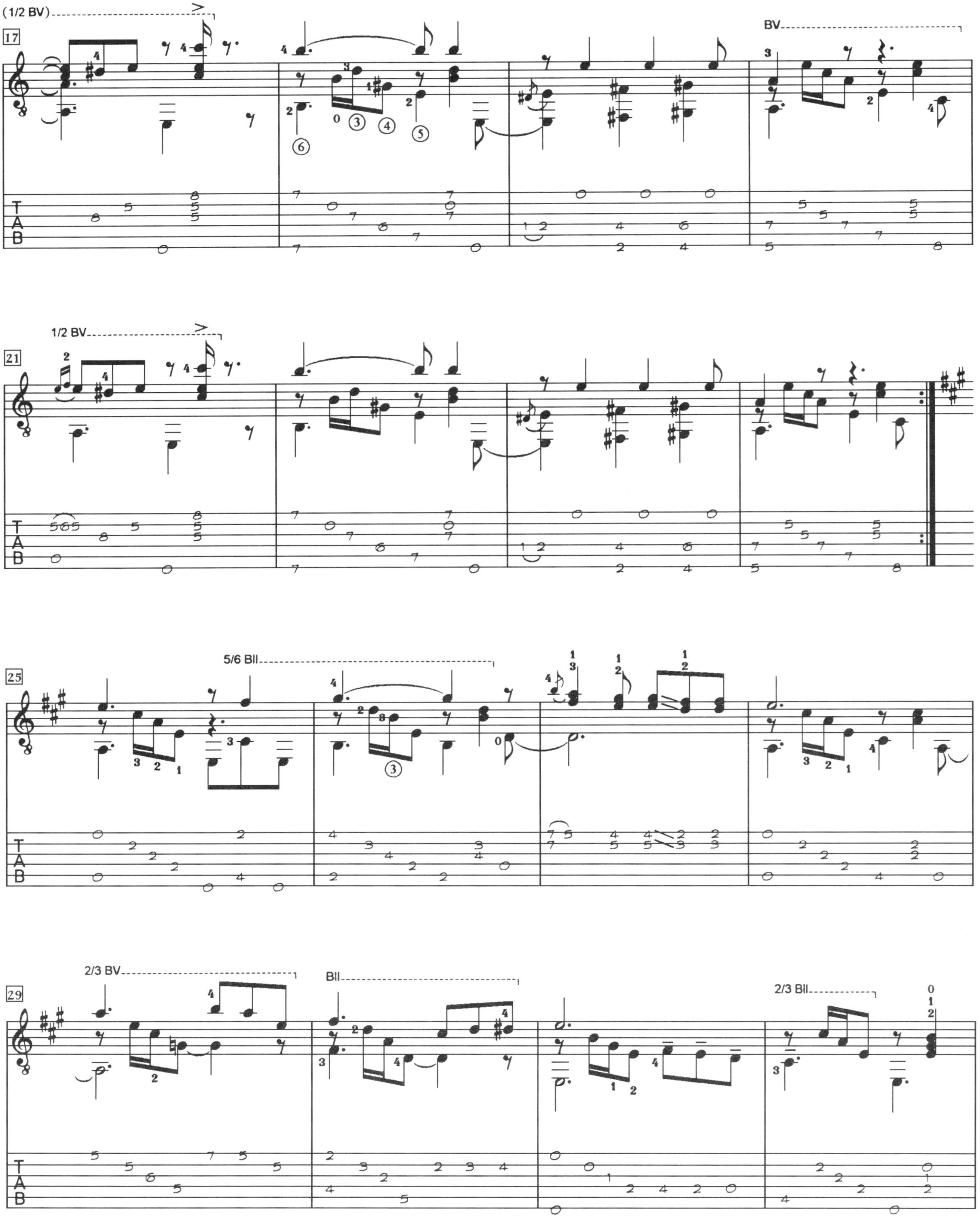
(1/2 BV)
17
BV
1/2 BV
21
25
5/6 BII
29
2/3 BV
BII
2/3 BII

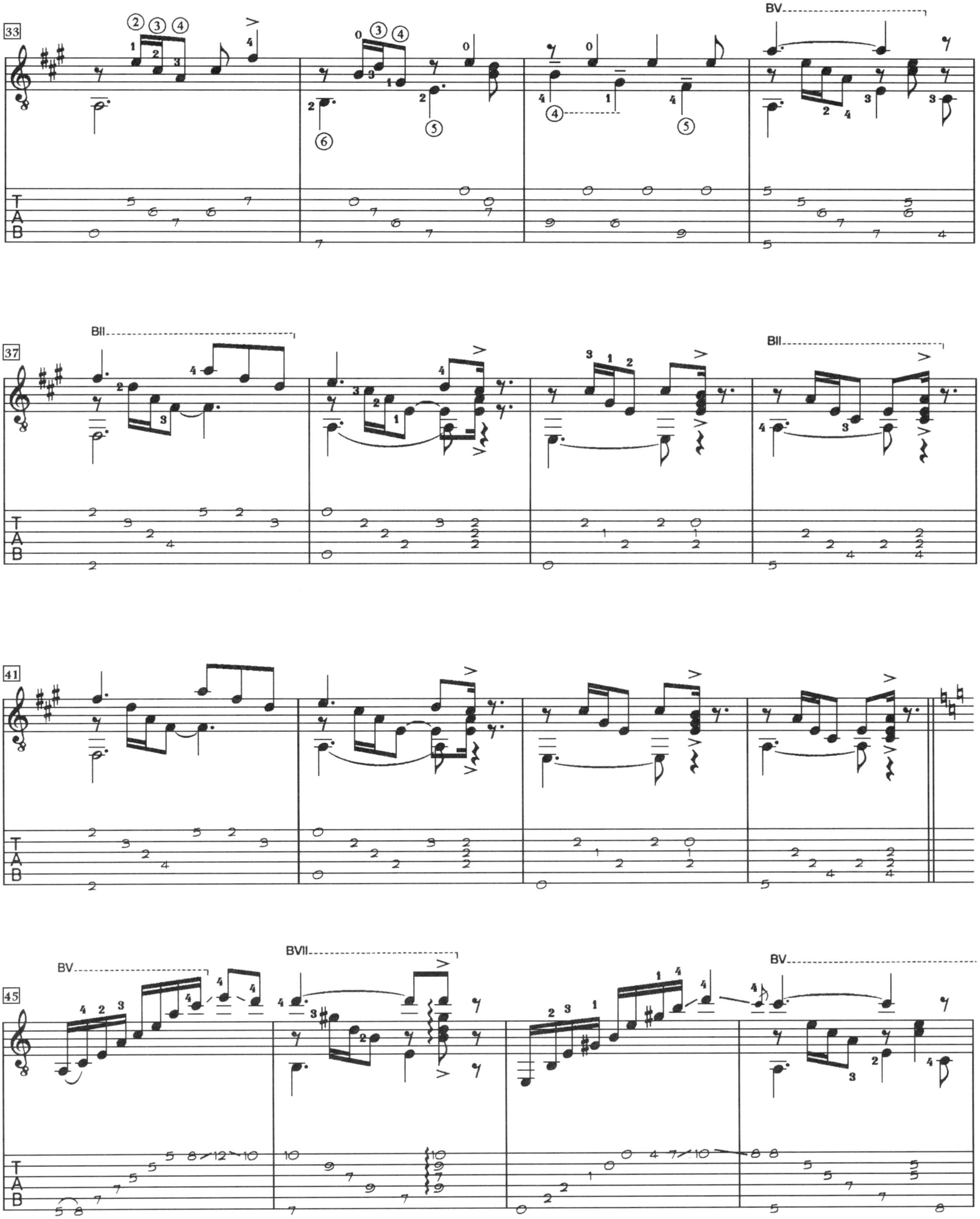
33
BV
37
BII
BII
41
45
BV
BVII
BV
T
A
B

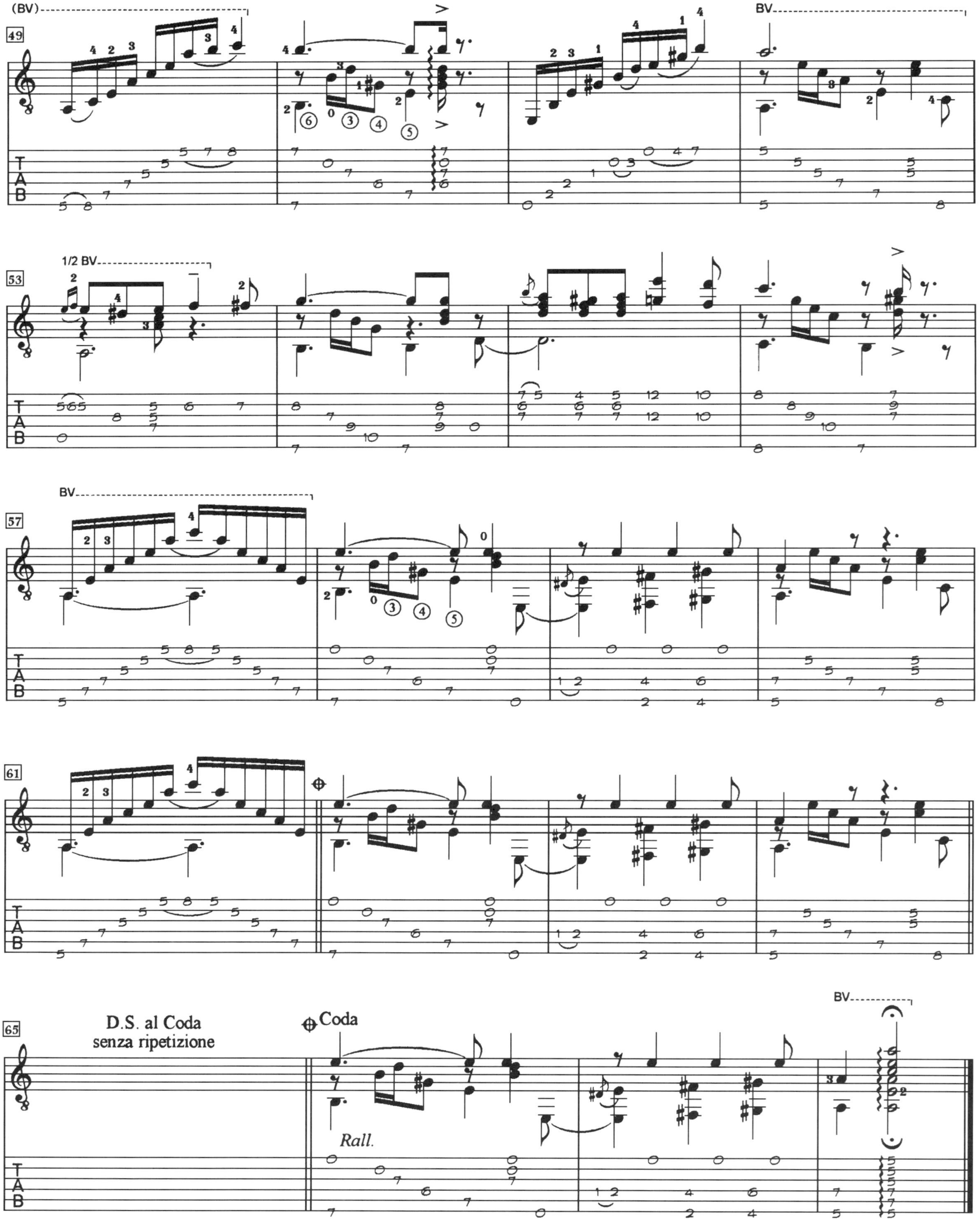
(BV)
BV
1/2 BV
BV
D.S. al Coda
senza ripetizione
Coda
Rall.
BV

LA DESPEDIDA

TRANSCRITA DO LP **VOLTA AO MUNDO** *(1959)*

Esta, a verdadeira Chilena nº 2, *foi composta em 1933 quando Juan Rodriguez já morava no Brasil, na cidade de Belo Horizonte.*

Dilermando gravou apenas uma vez esta peça. Seu arranjo é fluente e agradável de tocar. Porém os compassos 50, 51 e 55, no final da segunda parte, podem oferecer dificuldade. Neles Dilermando toca em pizzicato três frases em intervalos de terça com graça e clareza difíceis de igualar. Fica, porém, a observação de que o pizzicato não consta da partitura original. Nos compassos 52 e 56 aparecem dois fás sustenidos (primeira corda) entre parênteses. Isto significa que eles, mesmo sendo a conclusão natural das frases melódicas, não são ouvidos com clareza na gravação. Como em Coral del Norte, *a fórmula básica do compasso é 6/8, com as acentuações ternárias indicadas pelo agrupamento das notas.*

A versão original de Juan Rodriguez foi publicada no Brasil em 1964 pela "À Guitarra de Prata", cinco anos portanto depois da gravação de Dilermando.

LA DESPEDIDA

(Chilena Estilizada nº 2)

Arranjo para violão clássico por
DILERMANDO REIS
Transcrito por IVAN PASCHOITO
(Verão/95)

JUAN A. RODRIGUEZ
(1883-1944)

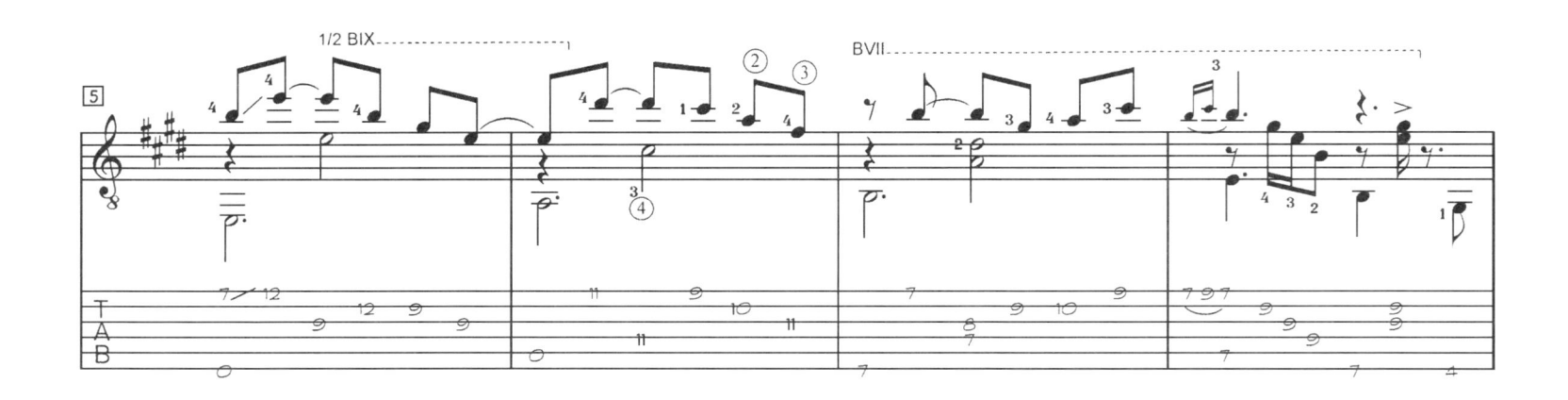

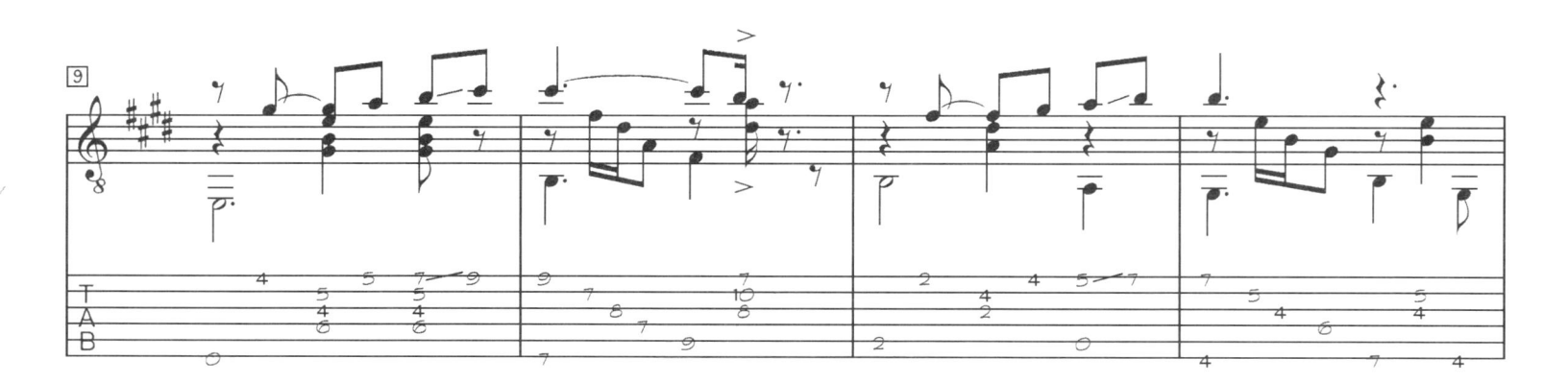

Grazioso

Copyright © 1996 by Fermata do Brasil.
International copyright secured. All rights reserved.

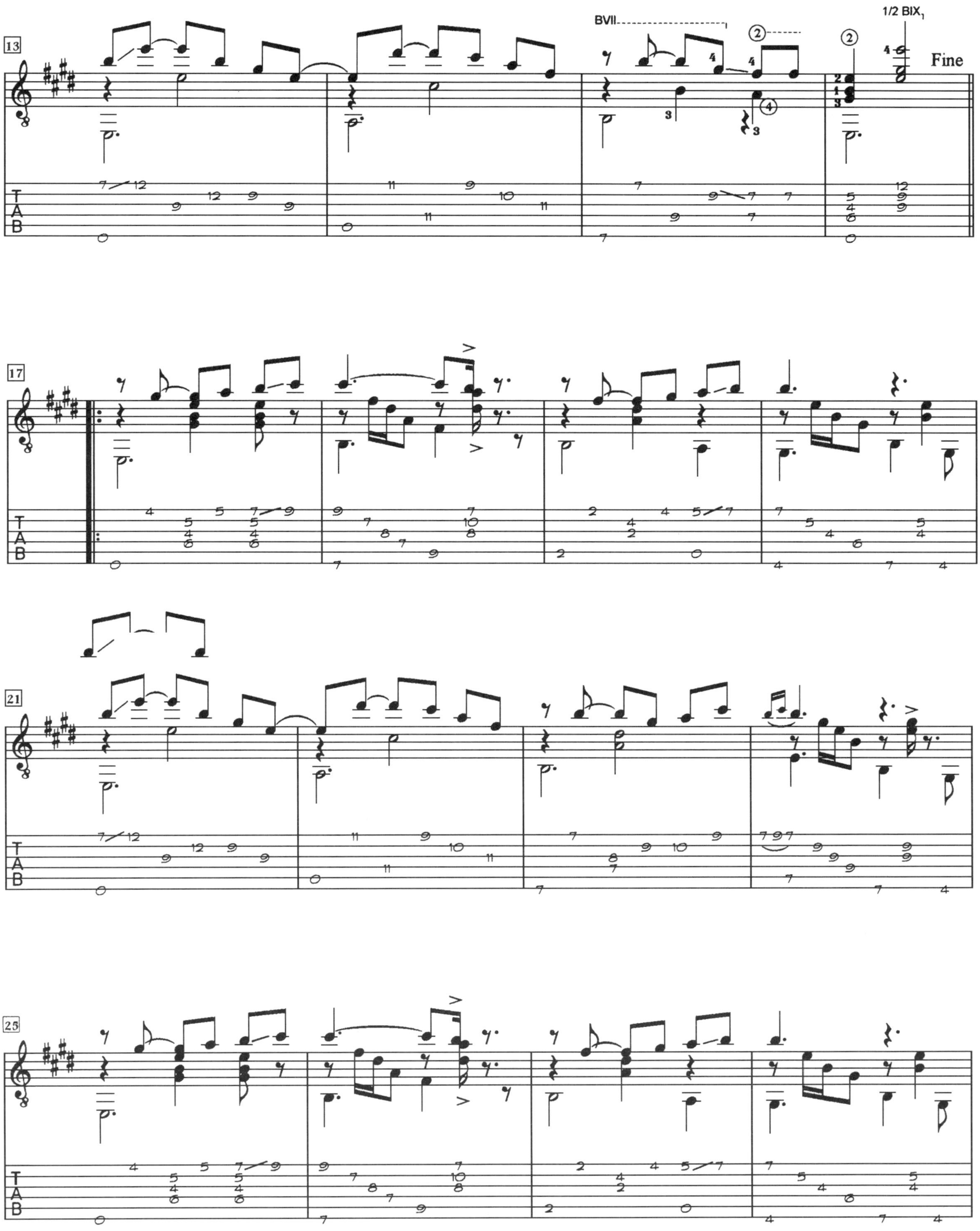
13
BVII
1/2 BIX1
Fine
17
21
25

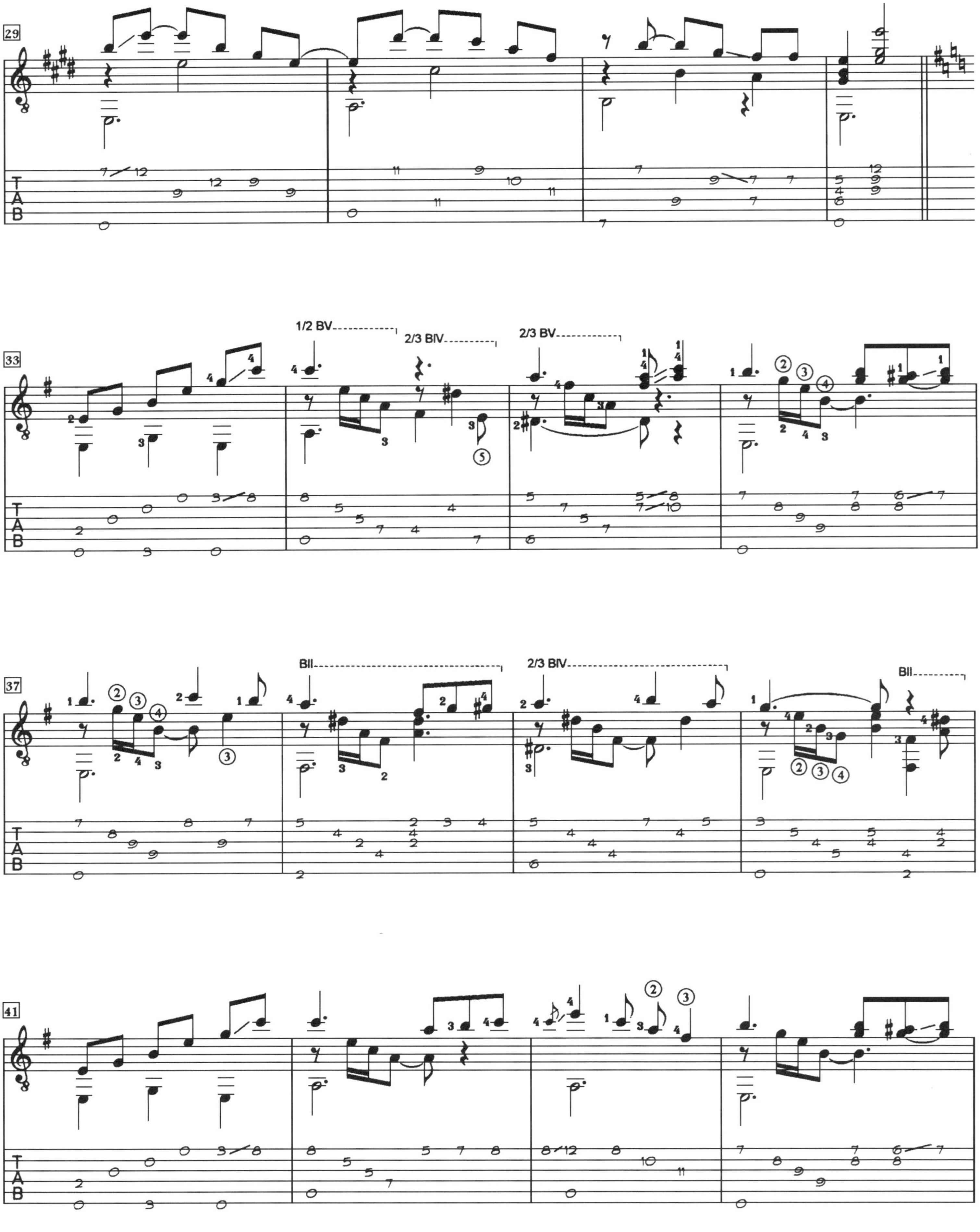
29
33
1/2 BV
2/3 BIV
2/3 BV
37
BII
2/3 BIV
BII
41

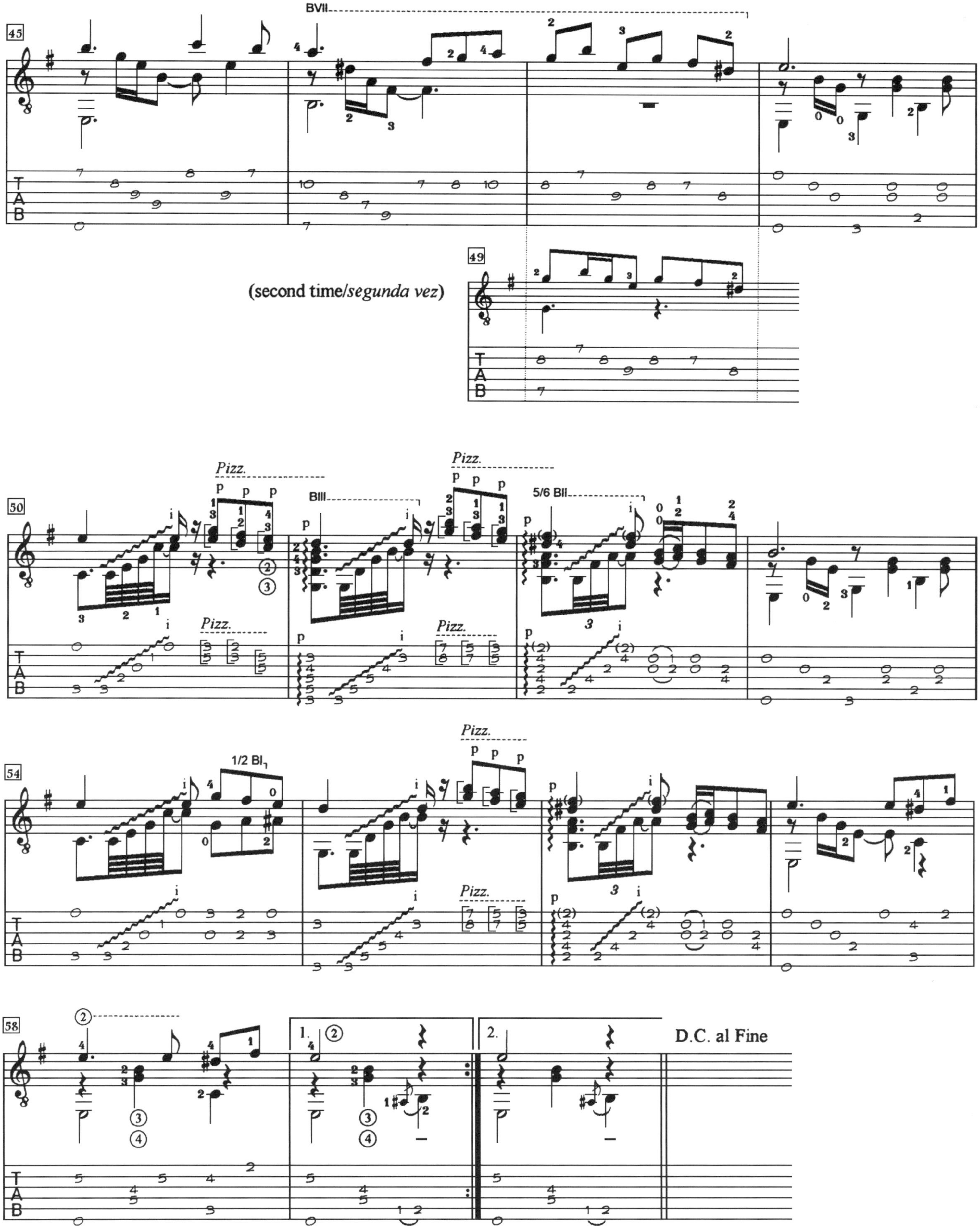
BVII
(second time/segunda vez)
Pizz.
BIII
5/6 BII
1/2 BI
D.C. al Fine

RAPSÓDIA INFANTIL

TRANSCRITA DO LP GOTAS DE LÁGRIMAS (1963)

Como o próprio título sugere, é uma peça composta de temas folclóricos infantis brasileiros. Não houve intento de recriação. Dilermando manteve os temas em sua forma original, tendo apenas acrescentado uma introdução.

Além da gravação que serviu de base para esta transcrição, existe uma outra de 1945, em disco 78 rpm. Nessa época Dilermando estava praticamente iniciando sua carreira discográfica, sendo **Rapsódia Infantil** *o lado B do seu quarto disco.*

Dilermando, nas repetições de certas partes desta peça, acrescenta diferenças mínimas em alguns compassos. Tais diferenças, desprovidas de significado musical, não foram anotadas na transcrição. Aqui também os colchetes são, algumas vezes, empregados como na notação de Abismo de Rosas.

Esta é a primeira vez que se publica a partitura desta peça.

RAPSÓDIA INFANTIL

Arranjo para violão clássico por
DILERMANDO REIS
Transcrito por IVAN PASCHOITO
(Verão/95)

Domínio público

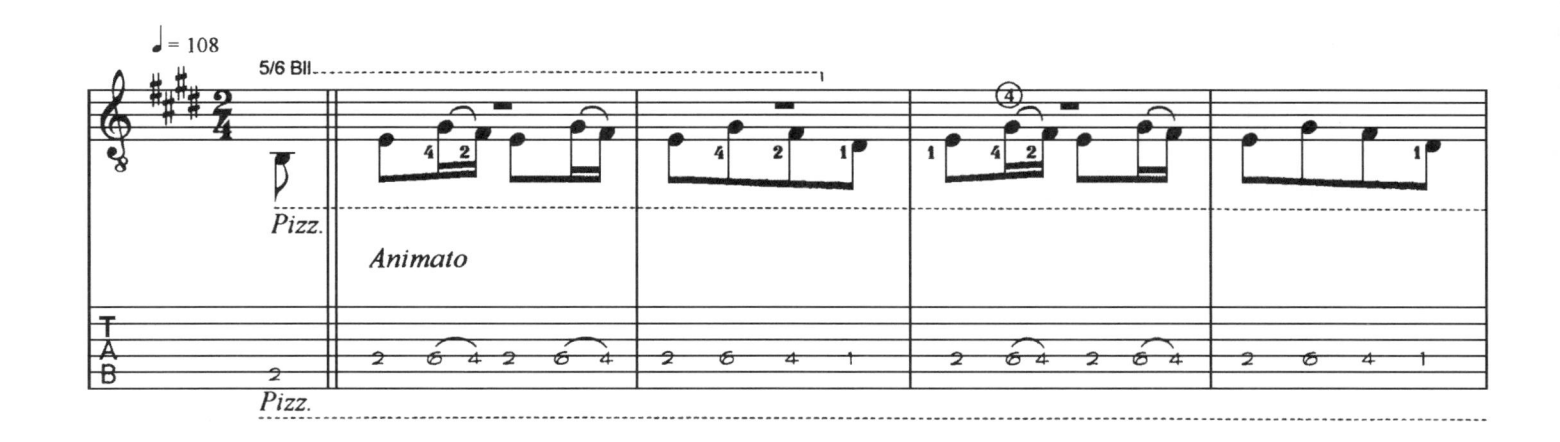

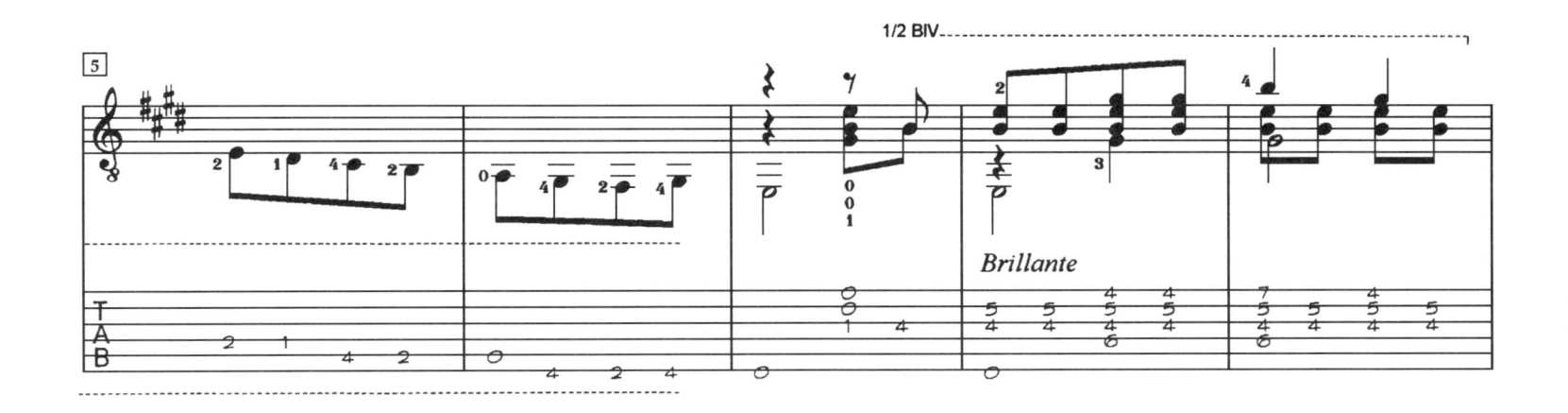

Copyright © 1996 by Fermata do Brasil.
International copyright secured. All rights reserved.

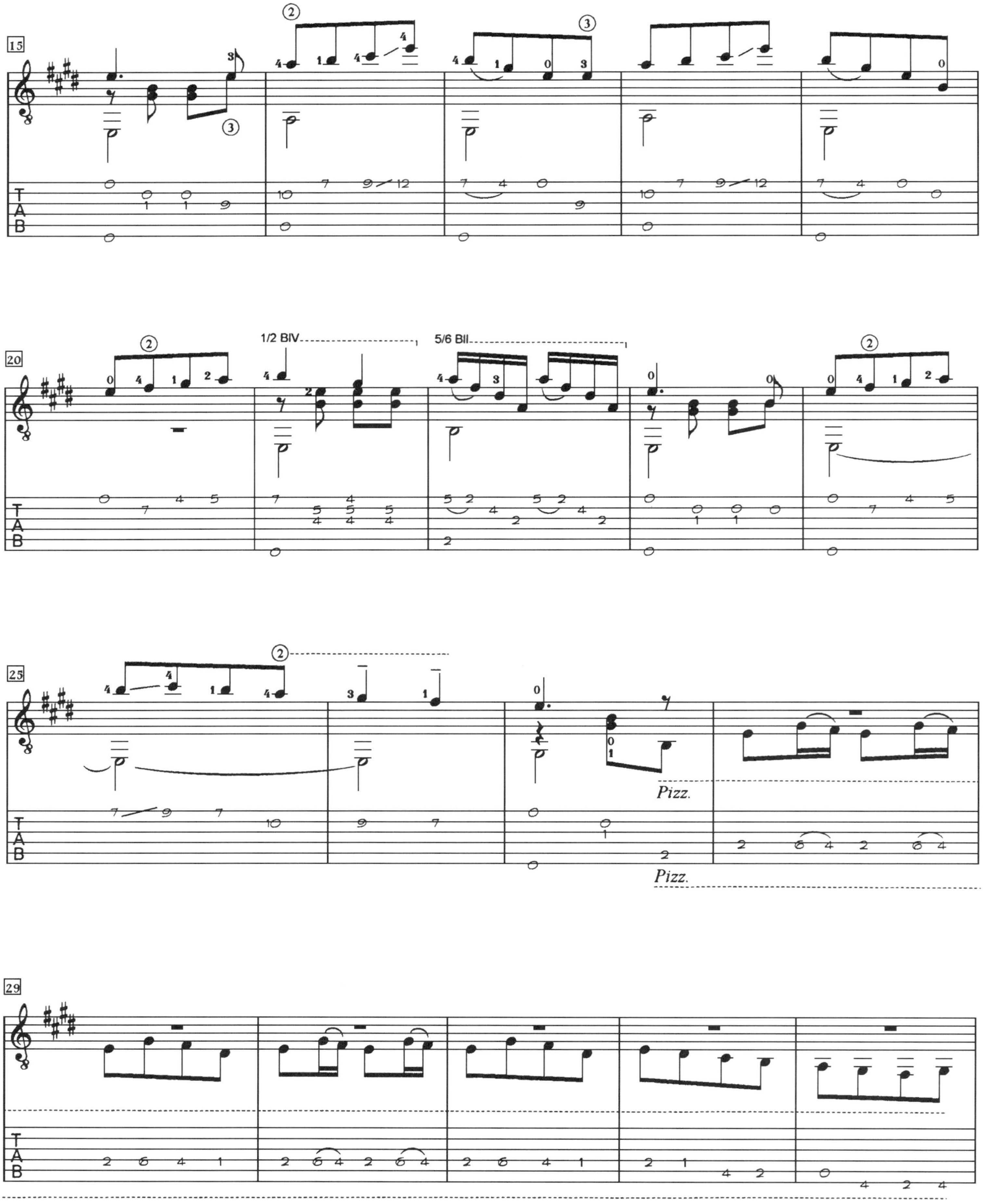
1/2 BIV
5/6 BII
Pizz.
Pizz.
TAB

34
1/2 BIV
1/2 BIV
39
1/2 BII
2/3 BIV
1/2 BII
1/2 BIV
1.
2.
44
2/3 BII
49
(2/3 BII)
1.
2.
1/2 BIV

54
(1/2 BIV)
BVII
1/2 BIV
59
BVII
1/2 BIV
1/2 BIV
64
(1/2 BIV)
2/3 BIX
BVII
69
(BVII)
1/2 BIV
= 60
Pesante
TAB

45

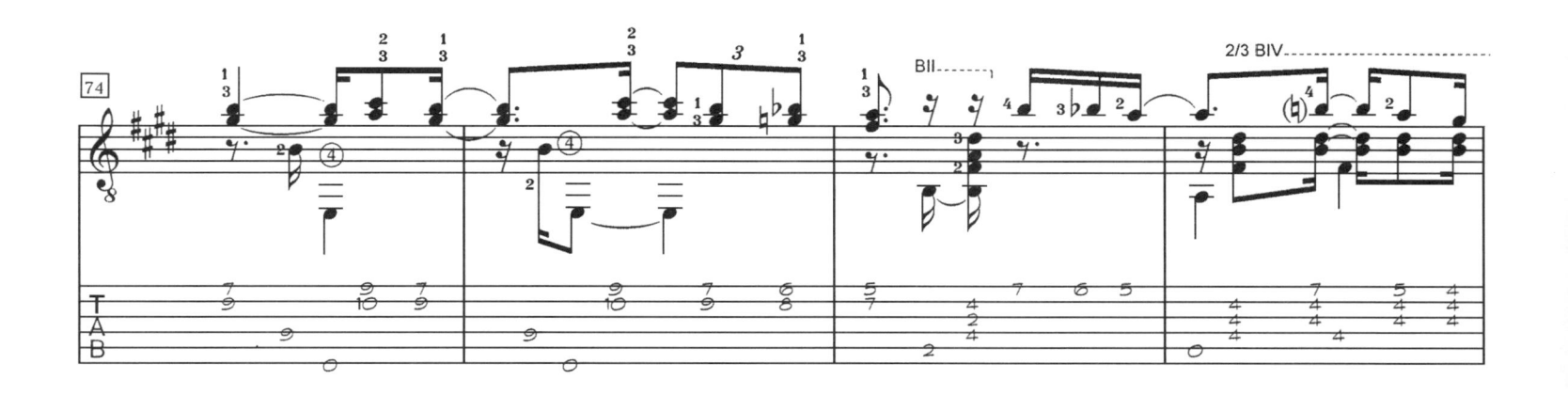

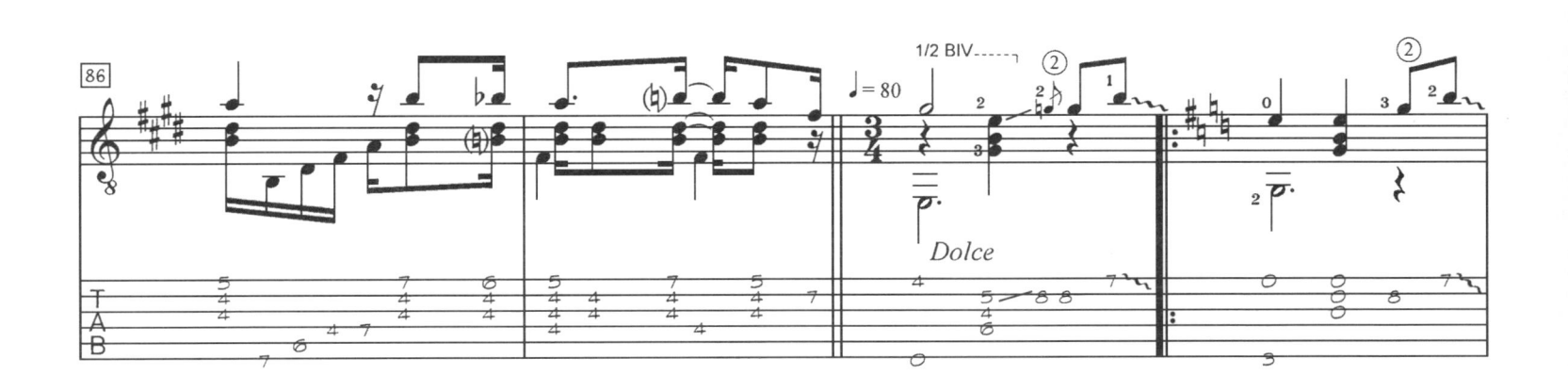

90
1/2 BVII
1/2 BVT 1/2 BIVT
1/2 BV
94
2/3 BVII
1.
2.
♩= 112
Pizz.
Pizz.
98
Animato
102
poco rall.

SONS DE CARRILHÕES

TRANSCRITA DO LP ABISMO DE ROSAS (1961)

Nas partituras e gravações, a peça é classificada ou como choro, ou como maxixe, ou mesmo como choro-maxixe. Optou-se aqui pelo choro, já que a peça tem as características básicas do gênero e como tal aparece na gravação original do autor. Mas, independente da questão classificatória, é uma peça conhecida no mundo inteiro, tendo sido publicada e gravada em diversos países. No Brasil, chega a concorrer em popularidade com a célebre Abismo de Rosas. *Os estudiosos avaliam que Pernambuco teria composto a peça em 1914. Ele próprio gravou-a em 1923 ou 1924, em solo de violão acompanhado por Nelson Alves ao cavaquinho.*

Dilermando gravou a peça pela primeira vez em 1952 em disco de 78 rpm. Tornaria a gravá-la ainda mais duas vezes: no seu primeiro LP, em 1956, e no LP que serviu de base para esta transcrição. De Pernambuco, além de Sons de Carrilhões, *Dilermando gravou também o jongo* Interrogando, *em 1953.*

No Brasil, a primeira versão impressa apareceu por volta de 1939, numa edição de "À Guitarra de Prata"; a segunda em 1960 pela "Monabluc", ambas do Rio de Janeiro. Depois disso a peça ficou muitos anos fora de catálogo. Só em 1978 retornou ao mercado em duas edições da "Ricordi" (São Paulo), revistas por Turibio Santos e Henrique Pinto.

SONS DE CARRILHÕES

Choro

Arranjo para violão clássico por
DILERMANDO REIS
Transcrito por IVAN PASCHOITO
(Verão/95)

JOÃO PERNAMBUCO
(João Teixeira Guimarães)
(1883-1947)

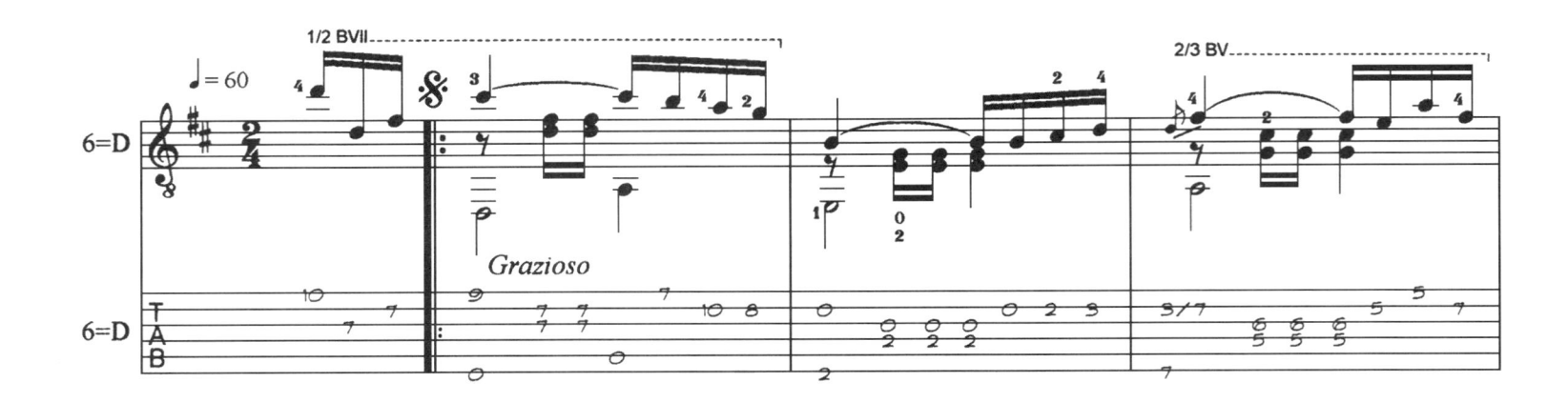

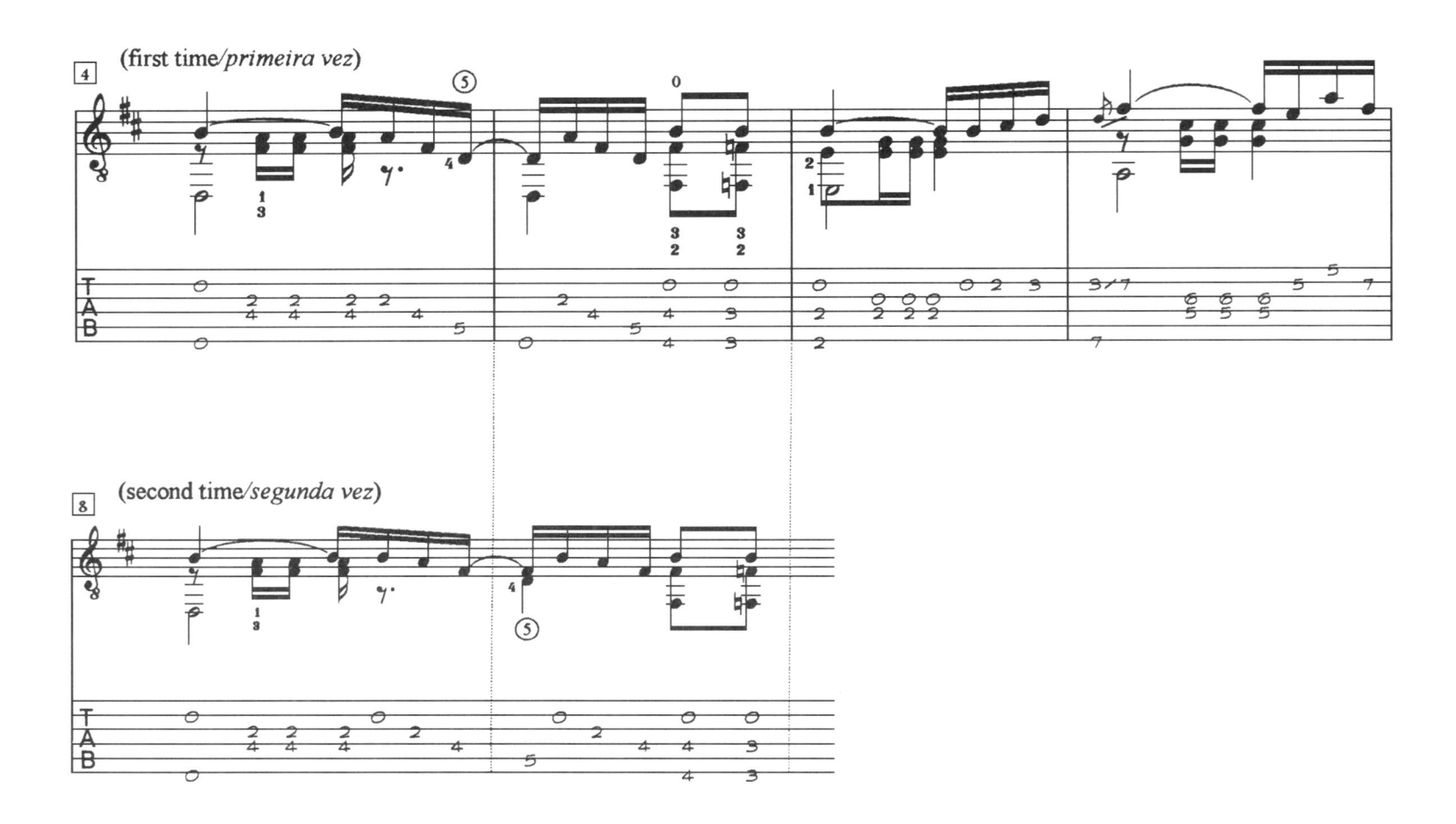

Grazioso

Copyright © 1978 by Ricordi Brasileira S.A. Used by permission.
© Fermata do Brasil (This transcription).
International copyright secured. All rights reserved.

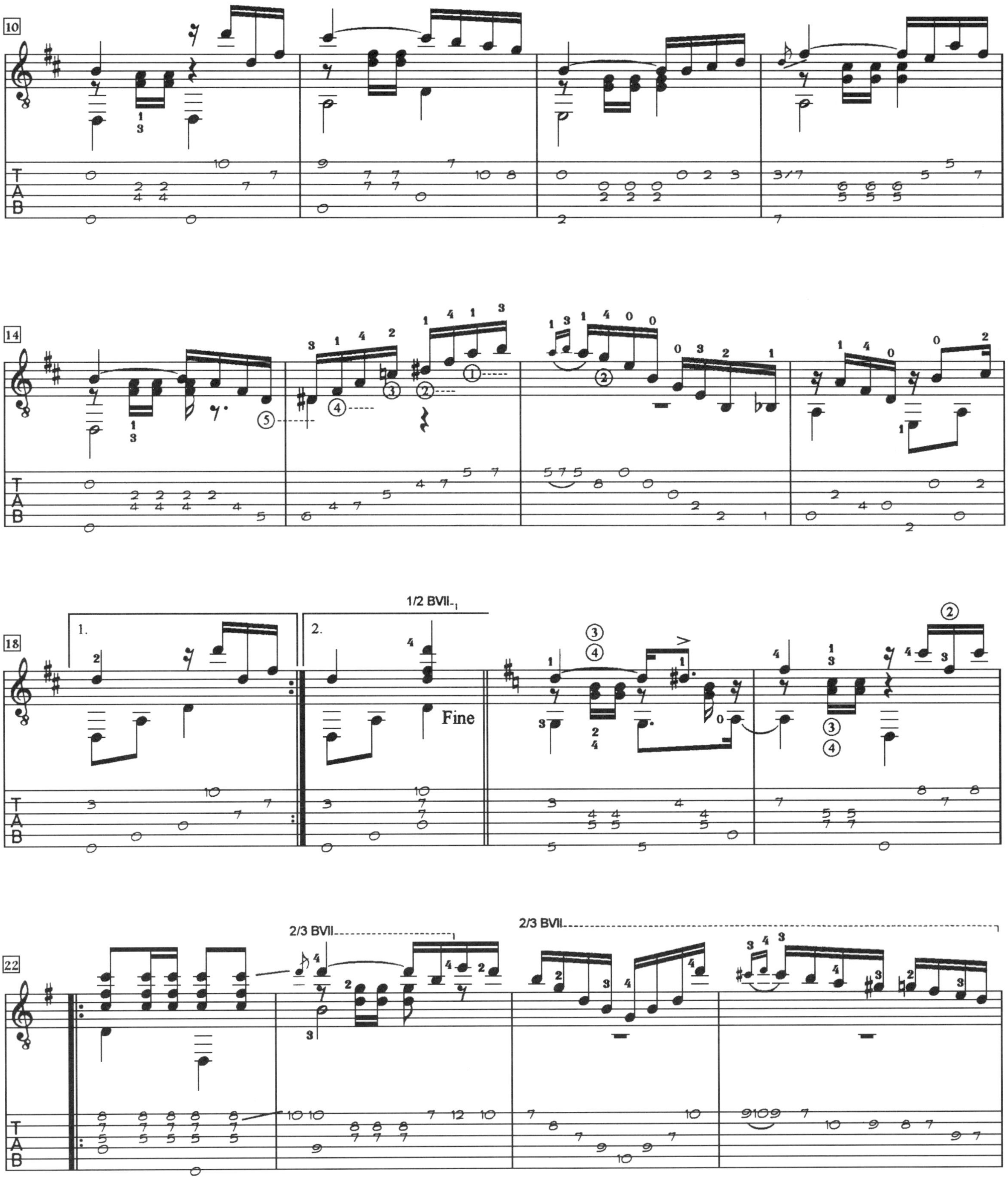
1/2 BVII
Fine
2/3 BVII
2/3 BVII

50

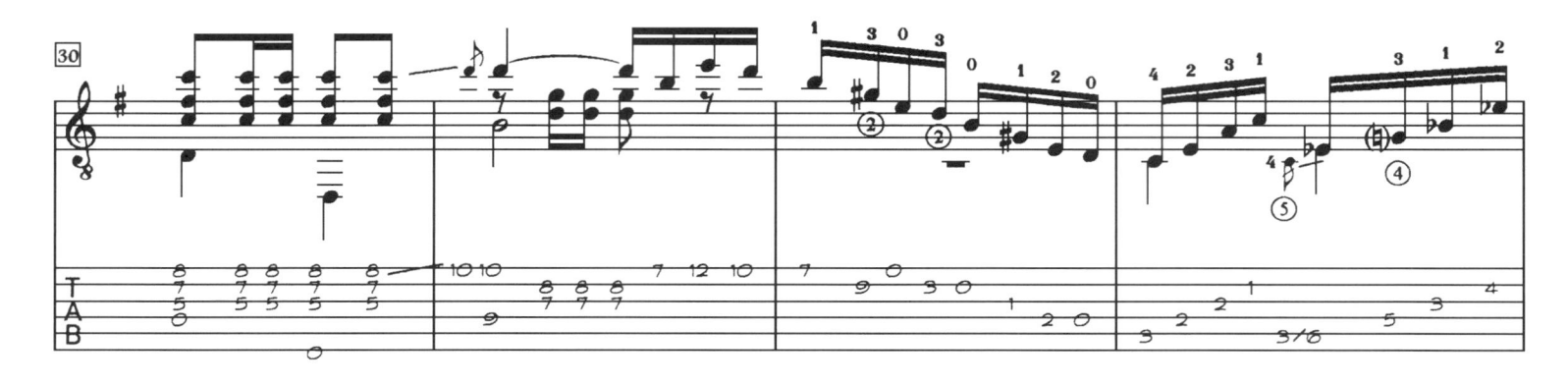

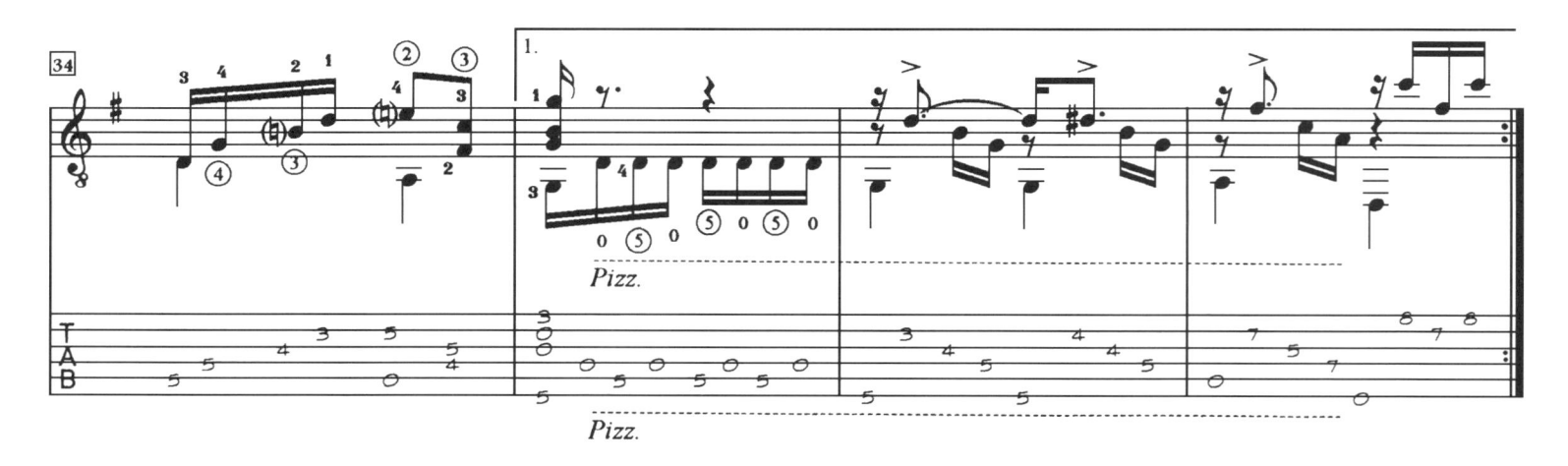

Notas Biográficas

Os Compositores

AMÉRICO JACOMINO

Nasceu em São Paulo em 12 de fevereiro de 1889 e morreu nesse nesmo Estado em 7 de setembro de 1928.

Américo Jacomino começou a estudar violão por volta dos oito anos de idade. Em 1907, após o trabalho diário como pintor de painéis, Jacomino tocava violão na noite paulistana. Foi quando ganhou o apelido de "Canhoto", pelo qual viria a ser mais conhecido. Sua fama se espalhou, chegando até o Rio de Janeiro. Lá se localizava a famosa "Casa Edson", de Fred Figner que se interessou por ouvi-lo e gostou. E assim, por volta de 1912, Canhoto começou sua carreira discográfica, que se estenderia até o ano de sua morte.

Jacomino aprendeu a tocar usado o violão do irmão, Ernesto. Porém, sendo canhoto, e usando instrumento alheio, não tinha outra alternativa a não ser tocar sem inverter as cordas. Assim, tocava os baixos com os dedos indicador, médio e anular e as primas com o polegar. Por incrível que pareça, o resultado que ele obtém com essa técnica toda pessoal e extremamente complexa é supreendente. Impressiona particularmente na sua interpretação o vibrato que conseguia extrair do instrumento. Relatos da época narram que Canhoto conseguia esse efeito vibrando não só o violão, mas o corpo inteiro. Tal intensidade interpretativa teria contribuído para agravar seu problema cardíaco, apressando sua morte.

Em sua curta carreira, Canhoto produziu mais de cem composições, entre solos de violão, cavaquinho, grupos instrumentais e até músicas para carnaval. Na sua discografia, 28 discos 78 rpm - produção notável para a época - foram dedicados aos solos de violão, instrumento que o consagrou.

ERNESTO NAZARÉ

Ernesto Júlio de Nazaré nasceu no Rio de Janeiro em 20 de março de 1863 e foi encontrado morto, no mesmo Estado, em 4 de fevereiro de 1934.

Iniciou-se no piano com a mãe, Carolina da Cunha Nazaré. Estudou depois com Eduardo Madeira e Lucien Lambert. Em 1877, aos catorze anos, compôs sua primeira peça, a polca-lundu Você Bem Sabe, *que dedicou ao pai, Vasco Lourenço da Silva Nazaré. O pianista, compositor e editor Arthur Napoleão gostou da peça e publicou-a. Estimulado por esse pequeno sucesso, Nazaré tornar-se-ia um profissional do piano e ao longo de sua vida escreveria mais de duzentas obras para o instrumento.*

Em 1930 gravou algumas delas para a fábrica "Odeon". Duas seriam lançadas comercialmente: Apanhei-te, Cavaquinho *e* Escovado. *Consta que durante as gravações se debruçava sobre o piano, a fim de poder ouvir o que tocava, em função da surdez que sofria desde 1927 e que só iria agravar-se até o fim de sua vida.*

Em 1932 escreveria sua última composição, o tango Pinguim. *A partir de 1933 manifestou-se a perturbação mental, motivo da sua internação na Colonia de Psicopatas Juliano Moreira. Em primeiro de fevereiro de 1934, foge do manicômio e é encontrado somente no dia 4, perto de uma represa, morto por afogamento.*

Nazaré ocupa um lugar único na música brasileira. É considerado o primeiro compositor cuja obra possui características realmente brasileiras, mesmo quando adotava formas importadas como a mazurca, a valsa, a polca e o schottisch. Em 1893, com Brejeiro, *iniciou-se no gênero conhecido por tango brasileiro, ao qual daria a forma definitiva. Nazaré costumava dizer: "Meus tangos não são maxixes". Com isso queria chamar a atenção dos pianistas da época para o cuidado com que eram elaborados, como que solicitando interpretações mais precisas e refinadas.*

JOÃO PERNAMBUCO

João Teixeira Guimarães nasceu em Pernambuco, em 2 de novembro de 1883 e morreu no Rio de Janeiro em 16 de outubro de 1947.

Aos 12 anos já tocava viola, que aprendeu com os cantadores e violeiros de sua terra natal. Essa experiência viria a influenciar notavelmente sua futura produção como compositor. Mudou-se para o Rio de Janeiro em 1904, onde sobre-

viveria graças à profissão de ferreiro que aprendera em Pernambuco. Por volta de 1908, começou a conviver com os grandes violonistas populares da época, entre os quais os legendários Sátiro Bilhar (1860-1927) e Quincas Laranjeira (1873-1935). Por essa época, ganha, em função do seu Estado de origem, o apelido de João Pernambuco.

De 1920 a 1930 conhece seu período de maior glória. Foi quando gravou todos os seus discos conhecidos, um total de catorze composições suas. Era famoso em todo o país e muito requisitado para aulas e apresentações. Nos anos 30 Pernambuco começa a afastar-se da atividade artística, desgostoso principalmente com Catulo da Paixão Cearense, o parceiro que teria omitido seu nome em algumas composições da dupla. Aulas e apresentações, agora, só para os íntimos. Aos poucos, foi chegando praticamente à reclusão total até 1947, ano da sua morte.

Pernambuco tinha enorme talento musical, mesmo sem nunca ter tido qualquer tipo de educação regular; não sabia sequer ler ou escrever. Nos seus primeiros tempos de Rio de Janeiro já era autor de algumas canções e toadas sertanejas. Contando-se gravações e partituras conhecem-se cerca de cinquenta composições suas, entre canções e obras para violão. Provavelmente parte de sua produção foi perdida durante o período de reclusão, quando se recusava a mostrar suas composições. Consta que o próprio Villa-Lobos quis escrevê-las, mas Pernambuco não permitiu. De qualquer modo, o que chegamos a conhecer confirma o excepcional valor de sua obra, tão importante para o violão quanto a de Ernesto Nazaré para o piano.

NELSON PILÓ

Nelson Vítor Emanuel Piló nasceu em Belo Horizonte, Estado de Minas Gerais em 3 de outubro de 1914 e morreu na mesma cidade em 20 de outubro de 1986.

Aos oito anos de idade já se sentia atraído pelo violão, que estudava sozinho e sem o conhecimento dos pais. Foi sempre um autodidata, e a não ser por uma pequena ajuda do irmão Homero, que tocava violino, tudo que aprendeu foi graças à própria dedicação. Aos treze anos já tinha familiaridade com a escrita musical. Alguns anos mais tarde, através de aulas de violão, recitais e apresentações nas rádios locais, era conhecido em toda Belo Horizonte. São também dessa época as serenatas aos sábados, das quais participava juntamente com Juscelino Kubitschek, futuro presidente do país.

Em 1935 Piló foi contratado pela famosa Rádio Nacional, no Rio de Janeiro, onde viria a exercer a função de orquestrador e arranjador. Foi nesse seu período de Rio de Janeiro que conheceu Dilermando Reis, a quem muito admirava. Tornaram-se amigos e parceiros. Dilermando, no seu LP Meu Amigo Violão, *de 1965, gravaria o choro* Na Ginga da Nega, *da autoria de ambos.*

Como violonista, Piló gravou apenas um LP nos anos 60. Nele podem ser ouvidas várias composições suas, inclusive Suspiro da Nega. *Piló deixou para o violão vasta produção como arranjador. Seus trabalhos, tanto de música popular quanto erudita, foram publicados por várias editoras brasileiras. Alguns de seus arranjos para obras de Ernesto Nazaré e Catulo da Paixão Cearense, publicados em cinco volumes pela "Casa Arthur Napoleão", foram gravados por importantes violonistas.*

JUAN RODRIGUEZ

Juan Ángel Rodriguez Vega nasceu em Buenos Aires, Argentina, em 2 de outubro de 1885 e morreu em Juiz de Fora, Brasil, em 1944.

Foi aluno do célebre violonista Juan Alais (1844-1914) durante oito anos, e na década de 20 já atuava como concertista em seu país. Em 1927 se apresenta no Uruguai e em 1929 no Brasil, com muito êxito, segundo a crítica da época. Juan Rodriguez se mudaria para o Brasil pouco tempo após o seu primeiro concerto nesse país. Em 1931 já há registro da sua permanência definitiva no Brasil, onde - como professor, concertista e compositor e arranjador - continuaria o seu trabalho em favor do violão.

A revista O Violão, *que circulou no Rio de Janeiro entre 1928 e 1931, diz ser Juan Rodriguez autor de cerca de 400 obras. Escreveu peças inspiradas na tradição clássico-romântica, no folclore do seu país e mesmo na música popular brasileira. Além das edições argentinas, teve arranjos e composições suas publicados no Brasil pela revista mencionada e pela casa "À Guitarra de Prata".*

Até hoje são desconhecidas as gravações de obras suas que teria realizado para o selo "Columbia" da Argentina em 1907.

O ARRANJADOR

DILERMANDO REIS

Nasceu em Guaratinguetá, Estado de São Paulo, em 22 de setembro de 1916 e morreu no Rio de Janeiro em 2 de janeiro de 1977.

Estudou violão inicialmente com seu pai, Francisco Reis. A partir de 1933, juntou-se ao famoso violonista Levino Albano da Conceição (1895-1955), acompanhando-o em suas apresentações pelo país. Acaba ficando no Rio de Janeiro - capital política e cultural do país - onde, sem Levino, inicia sua carreira individual. Foi inicialmente professor de violão em casas de música. Em 1935 começou a atuar em rádio, onde teve um programa semanal de meia hora que durou até 1969. De 1941 a 1975 gravou cerca de 35 discos 78 rpm e 23 LPs. Em 1953, excursionou pelos Estados Unidos, atuando na CBS de Nova Iorque.

Em 1976 preparava aquele que seria o seu vigésimo quarto LP. Não conseguiu terminar os registros, deixando gravado apenas o famoso Adagio *do* Concierto de Aranjuez, *de Joaquin Rodrigo. O LP* O Violão Brasileiro de Dilermando Reis, *de 1975, foi de fato o seu último trabalho em disco. Nele, sempre fiel ao estilo que o consagrou, estão seus derradeiros choros e valsas.*

Dilermando é, provavelmente, o mais famoso violonista brasileiro. Foi intérprete versátil e eclético, tendo gravado obras de Bach, Barrios, Tárrega, Gnatalli, Pixinguinha e Nazaré dentre muitos outros. Todavia ele se torna único quando interpreta os gêneros tradicionais do violão brasileiro: valsas dolentes e choros cheios de modulações para "confundir os acompanhadores", como ele dizia, tocados com seu estilo e sonoridade inconfundíveis.

Como compositor, enriqueceu significativamente a literatura violonística. Gravou 120 obras de sua autoria, algumas das quais tornaram-se verdadeiros clássicos do violão popular brasileiro, como Noite de Lua, Se Ela Perguntar *e* Magoado.

O Editor

Ivan Paschoito

Nasceu na cidade de São Paulo, Brasil, em 14 de abril de 1953. Aos 12 anos ouviu Noite de Lua *pela primeira vez, num velho disco 78 rpm. Fascinado pelo som de Dilermando Reis, iniciou-se no violão como autodidata. À medida em que progredia nos estudos, insatisfeito com a pouca variedade de títulos publicados para violão no Brasil, começou, em 1973, a escrever seus próprios arranjos.*

Em 1984, essa atividade transcendeu o cunho puramente pessoal. Foi quando publicou diversos álbuns com arranjos de obras de Toquinho, Paulinho Nogueira e Baden Powell, dentre outros.

Em 1989 começou a desenvolver projetos para a "GSP - Guitar Solo Publications", editora norte-americana especializada em violão. O primeiro resultado dessa parceria, um volume com dez obras de Dilermando Reis, foi publicado em 1990, e deu início à série The Great Guitarists of Brazil, *inteiramente dedicada ao violão brasileiro. A boa aceitação desse volume levou ao lançamento de um segundo, com mais dez obras do mesmo autor, em 1994. Dando sequência à série, Ivan trabalha atualmente na elaboração de dois volumes com obras e arranjos de Paulinho Nogueira.*

Atualmente, no Brasil, organiza para a editora "Fermata" uma antologia do violão brasileiro, com os mesmos padrões editoriais do volume ora publicado.